학교를
바꾸다

교장공모제 학교
2년의 기록

학교를 바꾸다
교장공모제 학교 2년의 기록

———

ⓒ 이광호 외, 2010
2010년 5월 17일 처음 펴냄
2012년 1월 10일 1판 4쇄

지은이 김성천, 박성만, 이광호, 이진철
펴낸곳 (주)우리교육
펴낸이 신명철
등 록 제313-2001-52호
주 소 (121-841) 서울시 마포구 서교동 449-6
전 화 02-3142-6770
전 송 02-3142-6772
홈페이지 www.uriedu.co.kr
인쇄제본 천일문화사

ISBN 978-89-8040-665-4 03370

이 도서의 국립중앙도서관 출판시도서목록(CIP)은
e-CIP 홈페이지(www.nl.co.kr/cip.php)에서
이용하실 수 있습니다.
(CIP제어번호: CIP2010001807)

학교를 바꾸다

교장공모제 학교 2년의 기록

김성천 · 박성만 · 이광호 · 이진철 지음

우리교육

우리가 경험한
희망을
나누려고 합니다

"학교가 하나도 안 변했다." 자녀를 학교에 보내면
서 다시 학교를 경험하는 학부모들이 이구동성으로
하는 말이다. 하나도 안 변했다니? 지금의 학부모
세대들이 학창 시절을 보냈던 20년, 30년 전의 학교와 지금의 학교는
학급당 학생 수 면이나 시설 면, 그리고 교사들의 자질 면에서 엄청나
게 다르다. 그럼에도 학교가 전혀 변하지 않았다는 그들의 지적에 반
박을 할 수 없는 것은 아이들이 교육의 중심에 있지 않고, 학부모에게
높은 문턱을 유지하고 있는 학교의 본질적인 구조가 전혀 변하지 않았
음을 누구보다 잘 알고 있기 때문이다.

그렇다면 우리 학교는 왜 아이들과 학부모들을 교육의 중심에 두지 않
는 것일까? 그리고 이러한 구조는 왜 잘 변하지 않는 것일까? 그것은
현재 우리 학교가 학생과 학부모에 대해서 책임질 필요가 없고 오직
교육청에만 책임을 지는 구조를 갖고 있기 때문이다. 수업에 탁월하거
나 생활지도에 전념하는 교사가 인정받는 게 아니라 교육청이 정한 기

준에 맞춰서 승진 점수를 쌓아 온 교사가 교장이 되는 체계를 가지고 있는 것이다. 이러한 단계를 밟아 교장이 된 사람은 다시 관료 체계의 핵심 고리가 되어 학교에 대한 교육청의 지배를 유지시키는 역할을 하게 된다. 학교개혁을 위한 수많은 시도들도 이런 교육 관료 체계를 통과하면 무늬만 요란한 뿐 속은 빈 정책이 되고 만다.

학교를 '행정 중심'에서 '교육 중심'으로 바꾸고, 교육청이 아니라 학생과 학부모에게 책임지는 구조로 바꾸기 위해서는 교장 임용 방식을 교육청의 통제에서 가져와 학교와 지역의 구성원들에게 돌려주어야 한다는 것이 교육전문가와 교육운동가들의 일치된 의견이었다. 학교를 경영할 수 있는 비전과 능력을 학부모를 비롯한 지역 구성원들이 검증을 해서 교장을 선임해야 한다는 것이다. 그렇게 선임된 교장이 자신이 제시한 학교경영과 비전을 함께할 수 있는 교사들을 초빙해 오고 학부모와 학생, 지역사회의 열망을 실현하도록 해야 비로소 학교가 본연의 역할에 충실할 수 있다.

이러한 염원을 담은 제도가 바로 교장공모제이다. 교장공모제는 교육 운동 단체들이 오랫동안 주장해 온 교장 승진 제도에 대한 개선 요구를 참여정부 시절 교육혁신위원회에서 공적인 논의를 통해 제도화한 것이다. 2007년도부터 시범 실시되고 있는 교장공모제를 통해 새로운 학교의 모델들이 만들어지고 있다. 관료적인 학교 틀을 깨고 교육의 본질을 회복하려는 학교들의 실험에 아이들과 학부모들은 지지를 보내고 있다. 폐교 직전의 학교가 학부모들의 신뢰를 얻으며 지역사회의 중심으로 다시 태어나기도 하고, 누구도 거들떠보지 않던 작은 농촌 학교가 학력과 인성, 예술성이 어우러진 교육활동을 시도한 후 쏟아지는 전입학 문의에 행복한 비명을 지르기도 한다. 교장 선임 방식의 변화만으로도 학교가 이렇게 변할 수 있다는 사실은 놀라운 경험이었다.

이 책은 교장공모제를 실시한 세 학교에서 일어난 변화를 추적하고 기록한 것이다. 물론 이 책에서는 교장공모제의 한계도 솔직히 드러내고 있다. 교장 한 사람이 바뀌는 것만으로 학교개혁이 자동으로 이루어지지 않는다는 것도 고백하고 있고, 현재의 교장공모제가 보완해야 할 부분도 담고 있다. 이 책에서 말하고자 하는 것은 교장공모제가 학교개혁을 위한 필요충분조건이라기보다는 학교를 바꾸는 하나의 씨앗이 될 수 있다는 작은 가능성에 대한 이야기이다.

이 책의 집필에는 그동안 교장공모제 도입뿐 아니라 새로운 학교혁신 모델을 만들기 위해 노력해 왔던 단체들이 함께 참여했다. 남한산초등학교의 혁신 모델로 알려진 작은학교운동을 주도해 왔던 '스쿨디자인21', 도시형 특성화고등학교를 통해 공교육이 나아가야 할 미래상을 제시하고 있는 이우학교의 '함께여는교육연구소', 공교육 내에서 교사들의 자발적인 교육 실천을 통해 새로운 교육운동 흐름을 만들어 가고 있는 '좋은교사운동'과 '새로운학교네트워크' 등이 그들이다. 이들 단체들은 이 책에 등장하는 교장공모제 학교들과 직간접으로 연결되어 새로운 학교의 모델을 만들기 위한 과정에 함께했다. 그리고 앞으

로 새로운 학교 만들기 운동의 남은 과제들도 기꺼이 함께 감당해 나
갈 것이다.

교장공모제를 통해 수년 동안 논의하고 실천하면서 만든 공교육의 혁
신 모델을 이제 더 많은 학부모들, 시민들과 나누고자 한다. 이 책을
통해 '이제 공교육에는 희망이 없다'라고 절망했던 많은 사람들에게
우리가 경험한 벅찬 희망을 나누어 줄 수 있다면 좋겠다. 그리하여 더
많은 사람들이 새로운 학교 만들기에 함께하길, 진정으로 우리 아이들
을 위한 학교를 만들어 갈 수 있길 소망해 본다.

2010년 5월

저자들을 대신하여 정병오

차 례

프롤로그

새로운 학교는
어떻게 만들어지는가

이광호 yeekho@gmail.com

새로운 교육 모델을 꿈꾸며 이우학교 설립에 참여했습니다. 대안교육과 공교육을 넘
나들며 새로운 교육의 가능성을 탐색해 왔으며, 최근에는 공교육 내에서 새로운 학
교 모델을 만드는 일에 집중하고 있습니다. 현재는 경기도 혁신학교 추진위원으로,
교육 주체의 자발성과 교육당국(교육청)의 지원이 결합된 새로운 학교혁신의 가능성
을 탐색하고 있습니다.

모순이 있는 곳에서 운동은 발생한다

'학교 위기' '교실 붕괴' 담론이 등장한 지도 20년
에 가까워지고 있다. 그동안 '위기를 극복하기 위
한' 다양한 정책이 제시되었고, 교사를 비롯한 수많은 사람들과 집단
이 학교개혁운동을 전개했다.

하지만 우리의 학교교육이 긍정적 방향으로 변화했다고 믿는 사람
은 별로 없는 듯하다. 아니, 시간이 흐를수록 학교교육에 대한 사회적
불신과 우려는 더욱 심화되고 있다. '학교교육 위기론'은 이미 '학교
무용론' 혹은 '학교 해체론'으로 진화하고 있는 것처럼 보인다.

교육은 곧 미래 세대의 삶을 구성하고, 결국 그 사회의 미래를 규정
한다. 그런 면에서 '교육 위기'는 우리 사회 '미래 위기'이기도 하다.
그런데 우리 사회에서는 학교교육이 미래 세대의 전망을 어둡게 만들
뿐 아니라 '현실'의 사회적 불안과 경제 불평등을 심화시키는 주범으
로 지목되고 있다. 오죽하면 '시장주의자'들조차 입시경쟁의 격화와
사교육의 팽창, 그로 인한 가정경제의 불안정과 사회적 격차의 확대를
해결하겠다고 팔을 걷어붙이겠는가?

모순이 있는 곳에서 운동은 발생한다. 학교교육의 위기를 극복하기 위한 학교개혁운동 역시 지난 수십 년 동안 지속적으로 진행되었다. 그런데 주로 교사와 학부모에 의해 진행된 학교개혁운동은 대부분 정부의 교육정책에 대한 비판과 저항의 정치적·이념적 운동이거나 교과 및 수업 연구, 학생 중심의 학급운영 등 미시적인 교육 실천으로 나타났다.

거대 담론과 미시적 실천의 반복, 혹은 양자의 결합으로는 학교를 변화시키기 어렵다. 사회 전체의 구조와 성격이 바뀌지 않는 한 거대 담론의 영역에서 교육운동 진영은 정치권력을 압도하기 어렵다. 설사 개혁적인 정부나 교육 권력이 들어선다 하더라도 교육현장을 개혁할 수 있는 주체와 콘텐츠가 없는 한 개혁은 말로만 그칠 가능성이 높다. 지난 '민주개혁정권 10년'의 경험은 그것을 증명하고 있다. 그동안 학교개혁운동에 대해 '이념과 비판의 과잉, 대안적 실천의 빈곤'이라는 평가가 제기되는 것도 그 때문이다.

또한 학교 안에서 몇몇 뜻있는 교사들에 의해 교과 및 수업 연구가 이루어지고, 민주적 소통에 기반한 학생 중심의 학급운영이 시도된다고 하더라도 그것이 학교 전체를 변화시키기는 어렵다. 학생의 입장에서 보면 '운 좋게' 좋은 담임선생님을 만난 것일 뿐이다. 그리고 그 다음 해 담임이 바뀌면 모든 것이 완벽하게 이전 상태로 '복구'된다. 지난 봄, 지방의 어느 모임에서 한 교사로부터 다음과 같은 고백을 들은 적이 있다.

사토 마나부 교수의 강연을 듣고, 그가 제시하는 '배움의 공동체'를 실현하고자 수업시간에 모둠토론을 진행했다. 하지만 대학입시를 앞두고 내신 성적에 민감한 학생들 사이에서 좀처럼 협력이 이루어지지 않았다. 학생들은 모둠토론 시간을 대충 때우고, 토론 주제를 교사가 설명할 때만 집중했다. 교사의 설명 중에 시험문제가 나온다고 믿기 때문이다.

모둠토론을 활성화시키기 위해, 수행평가에 모둠토론과 발표를 포함시켜 보았다. 언뜻 보기에 모둠토론이 훨씬 활발해졌다. 하지만 진정한 협력과 배움은 아니었다. 단지 '점수를 위해' 귀찮은 일을 해치우는 느낌이었다. 어떤 학생은 "불필요한 토론을 줄이고 문제풀이를 많이 해 주세요"라는 항의성 요구를 하기도 했다. 학교 전체가 '협력을 통한 진정한 배움'의 문화를 지향하지 않는 한 수업의 한계는 명확하다. 교사의 수업 태도와 방법의 차이에 따라 아이들은 적합한 '처세술'을 익힐 뿐이다.

아무리 인자하고 훌륭한 어머니의 보살핌을 받는다 해도 난폭하고 권위주의적인 아버지가 가정을 지배한다면 아이의 온전한 성장을 기대하기 어렵다. 학교-교사-학생의 관계도 같은 맥락이다. 몇몇 훌륭한 교사가 헌신적으로 노력한다고 해도 학교가 전면적으로 변화하지 않는 한, 학교가 일관된 교육이념과 철학에 의해 운영되지 않는 한 학생들의 전인적인 성장과 진정한 배움을 기대하기 어려운 것이다.

열정이 있는 교사라 할지라도 학교 내에서 관리자들의 제지를 받고 동료 교사들과의 소통에 어려움을 겪으면서 학교 안에서 변화를 만드는 데 한계를 경험하게 된다. 예컨대, 협동학습을 아무리 열심히 배웠다고 해도 동교과 교사들이 협동학습에 대해서 알지 못하면 수행평가에 협동학습 요소를 반영하는 것은 불가능하다. 가정방문, 일대일 결연운동, 자발적 수업평가 받기 캠페인, 정직운동, 학부모 편지 보내기 운동 등을 실행하려고 해도 교감이 우려하는 목소리를 던지면 실행할 수 없게 된다. **덕양중학교 이야기, 본문 130~131쪽에서**

이러한 인식에 기초하여, 최근 몇 년 사이에 학교 단위의 개혁을 고민하고 실천하는 교사들이 늘어나고 있다. 2000년 남한산초등학교의 성공적인 학교개혁 사례는 수많은 교사와 학부모들에게 새로운 상상력을 불어넣었다. 폐교 위기의 학교를 지역 주민과 학부모, 몇몇 교사들의 협력에 의해 '행복한 학교'로 만드는 데 성공했다는 사실은 새로운 교육을 꿈꾸는 이들에게 신선한 자극이자 실천적 지침이 되었다. 그 후 충남 아산 거산초등학교, 전북 완주 삼우초등학교 등이 남한산초를 모델로 한 학교개혁에 성공했다. 이 학교들은 현재 '작은학교교육연대'라는 연대 기구를 결성하여 지속적인 학교개혁운동을 전개하고 있다.

이들 학교는 모두 농산어촌에 위치한 소규모 초등학교라는 공통점을 갖고 있다. 그런 면에서 도시의 대규모 학교, 특히 중학교와 고등학교의 개혁 가능성에 대해서는 끊임없는 의문을 낳기도 했다. 새로운 교육에 대한 몇몇 교사와 학부모들의 열망은 학교 관리자(교장, 교감)의 벽을 뛰어넘기가 어려웠다. 또한 중학교 이후 본격화되는 입시경쟁 체제에서 '새로운 교육, 행복한 학교'는 유령처럼 배회할 뿐이었다.

2007년 9월부터 시범 운영된 '교장공모제'는 학교 단위 개혁의 새로운 계기가 되었다. 새로운 교육을 열망하는 교사와 학부모들이 교장선출 과정에 직접 참여할 수 있는 기회가 생긴 것이다. 특히 '내부형 교장공모제'(교장 자격증이 없는 평교사 대상의 교장공모제)는 기존의 교원 승진 경쟁 체제 밖에서 새로운 교육을 꿈꾸어 왔던 교사들에게도 교장 임용의 가능성을 열어 놓았다.

이 책에 실린 세 학교의 이야기는 '교장공모제를 통한 새로운 학교 만들기'에 대한 사례라고 할 수 있다. 특히 내부형 교장공모제에 의해 새로운 교장을 공모하고, 그 교장의 철학과 비전에 동의하는 교사와 학부모들이 참가하여 새로운 학교를 만들어 가는 곳들이다. 세 학교는 농촌지역의 소규모 학교(조현초, 홍동중)이거나 도시 근교의 소외 지역에 위치한 학교(덕양중)이다. 열악한 조건에서 새로운 학교교육의 모델을 만들어 가고 있는 것이다.

우리는 이처럼 학교 단위의 개혁, 혹은 학교를 통째로 바꾸기 위한 노력을 '새로운 학교 만들기'라고 부른다. 달리 말하면 단위 학교의 전면적 재구조화를 의미한다. '새로운 학교 만들기'란 기존의 거대 담론과 미시적 실천을 중심으로 하는 교육운동과 일정하게 구분된다. 정부와 교육청의 정책을 비판하거나 저항하는 것을 뛰어넘어 그 정책의 활용 방안을 모색하고 나아가 새로운 정책적 대안을 제시하려는 운동이다. 또한 교사들의 개별적 실천이 아니라 학교 단위의 집단적, 조직적 실천을 통해 동료성과 전문성을 키우고 새로운 학교문화를 만들어 가는 것이다. 나아가 교사뿐 아니라, 학부모·지역 주민과 함께 소통하고 협력하는 학교공동체를 조직하는 것이기도 하다.

우리는 이러한 학교에 대해 아직 적합한 이름을 정하지 못했다. 아직은 '새로운 학교'라는 약간 진부한 이름을 사용하고 있다. 그만큼 우리의 운동이 아직 걸음마 단계라는 현실을 반영하는 것이다.

'새로운 학교'는 어떻게 만들어지는가

'새로운 학교'란 어떤 학교인지, 그리고 그러한 학교는 어떻게 만들어지는지 우리는 아직 구체적이고 분명한 결론을 내리지 못하고 있다. 아마도 앞으로 수년간 경험이 축적되는 과정에서 우리는 보다 분명한 해답을 발견할 수 있을 것이다.

'새로운 학교'란 말 그대로 '기존의 학교'와 다른 학교이다. 기존의 학교란 획일적인 입시 중심 교육과 관료적 통제로 요약된다. 따라서 입시 중심 교육의 극복, 교육과정의 다양화, 학습의 개별화, 관료적 통제를 넘어선 교육 주체들의 민주적 소통과 협력 문화 등이 절실히 요구된다. 이는 곧바로 '새로운 학교'의 가치이자 지향점이라 할 수 있다.

그렇다면 '새로운 학교'는 어떤 학교인가? 기존의 학교와 다른 어떤 조건을 갖고 있는가?

교육과정의 특성화 · 다양화

우리가 만들고자 하는 '새로운 학교'의 첫 번째 조건으로 '지역과 학생의 조건을 고려한 교육과정의 특성화 · 다양화, 미래 핵심역량 중심의 교육과정 편성 및 운영'을 꼽을 수 있다.

한국의 학교들은 거의 똑같은 교육과정을 운영하고 있다. 대도시의 대규모 학교든, 농산어촌의 소규모 학교든 교육과정만을 본다면 거의 차이가 없다. 또한 수학을 좋아하는 학생이든, 음악을 좋아하는 학생이든, 체육을 좋아하는 학생이든 모두 똑같은 교육과정을 이수하고 똑같은 시험문제로 평가를 받는다.

이는 일차적으로 획일적인 국가교육과정의 경직성, 입시 중심의 수업으로부터 비롯된다. 학교와 교사는 국가가 정해 놓은 교육내용에 맞춰 '진도 나가기'에 급급하다. 또한 전국의 모든 고교생들은 수학능력시험 출제 경향에 맞춰 문제풀이를 반복한다. 최근의 전국학력평가(일제고사)는 이러한 획일성을 더욱 강화시켰다. 그동안 주로 고등학교 교실에서 진행된 문제풀이 중심의 수업이 초·중학교로 확대되고, 심지어 방학 중에도 보충수업을 진행하는 초등학교들이 늘어나고 있다.

한국의 학교는 교육과정이나 학교행사가 거의 획일적이다. 어느 지역의 어느 초등학교를 가더라도 동일한 교과서로, 비슷한 시기에, 비슷한 내용으로 수업을 한다. 이런 학교교육의 현실 속에서는 사회의 변화와 그 변화 속에서 자라는 우리 아이들의 변화를 따라잡을 수 없다. 이미 우리 사회는 지식과 정보의 활용을 중요시한 지식기반사회를 넘어 감성, 상상력, 가치 등 인간의 내면을 중요시하는 후기지식기반사회로 바뀌어 가고 있다. 또 학생들은 획일적이고 순응적인 기성세대와 달리 정치, 사회적으로 보다 자율적이고, 개성적이며, 문화적인 면에서 다양성을 가지고 있다. **조현초등학교 이야기, 본문 74~75쪽에서**

"학교는 학습이 일어나는 곳이어야 합니다. 학생들이 스스로 공부할 수 있는 공간이자 공부하는 방법을 제시하는 곳이어야 합니다. 모름지기 학교의 변화는 결국 학교 교육과정의 편성과 운영상의 변화를 말합니다. 누구에게 무엇을 어떻게 가르칠 것인가의 문제에 대한 진단과 처방이 있어야 합니다. 교사용지도서를 카세트에 녹음해서 교탁 위에 올려놓고 들려주는 식의 교육이어서는 곤란합니다. 학생 개개인에 대한 분석과 진단이 있어야 하며, 미래 사회에 대한 비전과 지역 특성에 대한 이해가 필요하며, 학생의 처지와 수준을 고려해 가르치는 교수방법이 있어야 합니다." **홍동중학교 이야기, 본문 219~220쪽에서**

김영식 교사는 학습에 흥미를 잃어버린 아이들에게 학습이 본래 지겨운 것이 아니라는 인식을 심어 주는 것이 중요하다고 보고 있다. 사회교사인 그는 문제풀이식 수업을 하고 아이들을 남게 해서 강제로 교육시키는 방식은 단기적인 성과를 낼 수 있지만 수업의 질을 개선하는 데에 초점을 맞추는 것이 더욱 중요하다는 생각을 가지고 있었다. 3년 차부터는 독서와 교과를 연계시키기로 했다. 문화 자본이 빈약한 아이들에게 독서는 그들의 삶을 살찌우는 필수 영양소가 될 것이라고 봤기 때문이다. 아울러, 아이들 한 명 한 명의 특성을 잘 정리한 형태의 '행복한 성적표'를 만들어 보내려고 한다. **덕양중학교 이야기, 본문 168~169쪽에서**

교육과정의 특성화·다양화는 학교의 지역적 조건(사회·경제·문화적 조건)과 학생의 상황(심리적·신체적 상황, 학습 경험 및 성취 수준 등)에 대한 면밀한 분석으로부터 출발한다. 대도시에 적합한 교육과정이 농촌지역에 그대로 적용될 수 없는 것이다.

조현초의 '교육과정 9형태(조현꿈자람교육과정)'는 농산어촌 학교의 일반적 문제인 교육소외를 극복하기 위한 교육복지에 초점이 맞춰져 있다. 또한 용문산 일대 생태환경의 강점을 살린 교육과정 및 학교 재구조화에도 노력을 기울이고 있다.

홍동중은 가장 앞서서 '교육과정의 지역화'를 모색하고 실천한 곳이다. 이미 2005년부터 지역의 각급 학교 교사들이 '범교과교육과정연구회'를 조직해 '지역 인프라를 활용한 생태친화적 체험학습 프로그램'을 개발하고 '햇살배움터'와 '홍동거리축제'를 진행해 왔다. 2007년 교장공모제 이후에는 그러한 경험이 특성화 범교과(진로와 직업, 생태체험, 인성교육)로 학교 교육과정에 편성되었다.

도심 인근의 낙후된 지역에 위치한 덕양중 역시 독서교육과 프로젝트 수업 등을 통해 학생들이 학습에 대한 흥미를 갖도록 하고 학습 능력을 신장시키려 노력한다. 대학생 멘토링, 반크(Vank, 사이버외교사절단) 프로그램, 미디어교육 등 학생들에게 다양한 학습 기회를 제공하기 위해 외부와 적극적인 네트워크를 형성하고 있다.

이렇게 교육과정을 지역화하고 지역 교육 자원을 활용하는 것이 교육과정 특성화의 출발이라면, 학생들의 개별적 상황을 고려해서 교육과정을 다양화하고 학습을 개별화하는 것은 궁극적 지향점이 된다. 조현초의 '교육과정 9형태' 중 하나인 '발전학습'은 학생들이 스스로 자신의 관심 분야에 대해 연구하고 실행하는 교육과정이다. 어떤 학생은 자신이 좋아하는 문학작품을 깊이 있게 연구하고, 다른 학생은 프라모델(장난감 조립)에 열중하면서 성취감을 경험한다. 탐구 주제를 고르고,

탐구 방법을 결정하는 것 역시 학생들의 자율적 판단에 따른다. 이 과정에서 학생들은 배움의 즐거움을 느끼고 자기주도적학습 능력을 얻게 되는 것이다.

홍동중의 경우 개인별 학습 지원 프로그램을 운영하고 있다. 개인별 학습 능력을 진단하고, 상담을 통해 학습 계획을 수립하고 실천한다. 학생들은 각기 다른 생김새를 가졌듯이, 학습과 관련한 모든 영역에서 개별적 특성을 지닌다. 학습동기와 학습방법이 다르고, 좋아하는 과목이 다르다. 따라서 스스로 자신의 학습 특성을 분석하고, 각각의 특성에 맞는 학습 계획을 수립하고 실천하는 것이 매우 중요하다.

인근 도시지역에 비해 상대적으로 학습 능력이 떨어지고 학습동기 또한 부족한 덕양중의 경우, 다양한 방과후활동을 통해 학생들의 학습에 대한 흥미를 높이기 위해 노력하고 있다. 주로 대학생과 외국어고등학교 학생들이 참여하는 반크 활동을 통해 학생들은 국제적 감각을 익히고 외국어 학습의 필요성을 절감하고 있다. 자연스럽게 학습동기가 신장되는 것이다. 또한 대학생 멘토링은 정서적 안정감을 높이고, 학생들의 개별적 상황에 맞는 학습 지원을 통해 학습 능력을 신장시키고 있다. 덕양중은 지난 2년간의 성과를 바탕으로 프로젝트 수업의 도입을 추진하고 있다. 교과 간 벽을 뛰어넘고 학생을 학습의 주체로 세우는 프로젝트 수업을 통해 학교교육력의 발전을 구상하고 있는 것이다.

교육과정의 특성화·다양화, 학습의 개별화 못지않게 중요한 것은 미래 핵심역량의 신장이다. 입시 위주 교육에서 강조하는 당장의 학업

성취(성적)뿐 아니라 지속가능한 사회를 위한 사회 공적 가치(공동체성, 생태적 감수성 등)를 내면화하고, 미래 세대에 요구되는 핵심역량을 신장시키는 교육과정이 편성·운영되어야 한다는 것이다.

미래 세대에 요구되는 핵심역량이란 무엇인가? 미래 사회의 변화와 그 사회에서 요구하는 능력에 대해서 세계적으로 많은 연구가 진행되었다. 그 연구들은 급속한 과학기술의 발달과 급변하는 정치경제적 환경에 적응하기 위해서는 새로운 인간 능력이 필요하다는 결론에 도달했다. 연구 결과는 미래의 성공적인 삶과 지속적인 사회 발전을 위해 모든 인간은 지식을 창조하고 활용하는 고차원적인 능력을 갖춰야 한다고 주장한다. 이러한 문제의식에서 OECD경제협력개발기구는 모든 사람들이 반드시 갖추어야 할 능력을 핵심역량이라 규정했다. 이른바 DeSeCoDefining and Selecting Key Competencies 프로젝트라 불리는 이 연구는 1997년부터 진행되었으며, 12개 국가의 교육학자·사회학자·측정전문가·철학자·인류학자·심리학자·경제학자·역사학자·통계학자·정책입안자·기업가 들이 참여했다고 한다. OECD가 제시하는 '핵심역량'은 다음과 같다.

범주 1 : 도구의 상호작용적 이용

● 언어나 상징, 텍스트를 상호작용적으로 사용할 수 있는 능력

● 지식과 정보를 상호작용적으로 사용할 수 있는 능력

● 기술을 상호작용적으로 이용할 수 있는 능력

범주 2 : 이질적인 집단 내에서의 상호작용

- 다른 사람들과 좋은 관계를 맺는 능력

- 협동할 수 있는 능력

- 갈등을 관리하고 해결하는 능력

범주 3 : 자율적으로 행동하기

- 큰 그림 안에서 행동할 수 있는 능력

- 생애 계획과 개인적 프로젝트를 만들고 수행할 수 있는 능력

- 권리와 흥미, 한계와 필요를 주장할 수 있는 능력

DeSeCo 프로젝트, OECD, 2003

OECD에 의해서 규정된 지표와 개념들은 현재 여러 나라들에서 역량지표를 세우고 국가 수준의 교육과정을 수립하는 데 영향을 미치고 있다. 유럽연합EU은 OECD의 핵심역량에 근거하여 핵심역량을 규정했고, 호주는 국가교육과정을 새롭게 구성했다. 한국에서도 '생애 능력' 지표를 개발하고 성장 단계별 생애 능력 개발을 위한 연구가 활발하게 진행되고 있다.

미래 핵심역량으로 표현된 범주들이 무엇을 의미하는지 우리는 어렵지 않게 추론할 수 있다. 또한 현재의 학교들이 대부분 제대로 가르치지 않는다는 사실도 알 수 있다. 아니, 입시 위주의 교육과 획일적 학력 평가 과정에서 미래 핵심역량을 신장시키기는커녕 오히려 억압하고 왜곡시킨다고 보는 게 정확한지도 모른다.

그런 면에서 홍동중이 설정한 교육과정의 중심 과제는 미래 핵심역량 신장을 위한 학교 교육과정의 개혁 방향을 잘 드러내고 있다.

홍동중 교육과정의 중심 과제

수단(과정)		목 표
진로교육	○	생애 설계
인성교육	○	원활한 소통
통합적 사고력 신장	○	문제해결 능력 함양
창의력 신장	○	무한한 가치 창출
인문학적 소양 계발	○	삶의 의미 발견
예술 활동	○	아름다움을 창조하는 능력 향상

이러한 학교 교육과정의 특성화와 다양화, 미래 핵심역량 중심의 교육과정에 대해서는 우리 사회의 그 누구도 (명시적으로) 반대하지 않는다. 교육과학기술부 역시 '학교 단위 책임 경영을 위한 학교자율화 추진 방안'(2009년 6월 11일)을 통해 "미래 사회가 요구하는 창의적이고 경쟁력 있는 인재를 양성하기 위해서는 학교교육이 유연하고 다양해야 한다고 보고, 학교 여건에 맞는 특색 있는 교육과정이 운영될 수 있도록 단위 학교의 교육과정 편성 · 운영상 자율권을 대폭 확대하기로 했다"고 밝히고 있다. 또한 학교자율화의 주요 과제로 교육과정 개정을 추진하고 있다.

'하고 싶은 공부, 즐거운 학교'를 만들기 위한 〈미래형 교육과정〉 구상

● 과도한 학습 부담 경감을 통해 의미 있고 흥미로운 자기주도적학습 유도

● '즐거운 학교'를 만들기 위해 비교과 활동인 '창의적 체험활동'을 강화

● 현행 10년(초1~고1) 국민공통기본교육과정을 9년(초1~중3)으로 조정

● 기초는 튼튼, 원하는 공부는 깊이 있게 할 수 있고 진로와 적성에 맞는
  고교 교육과정 개편

● 단위 학교의 교육과정 편성·운영 자율권을 대폭 확대

'미래형 교육과정 구상안', 교육과학기술부 보도자료, 2009년 7월 25일

하지만 실제 '학교 여건에 맞는 특색 있는 교육과정'(이는 달리 말하면 '교육과정 특성화'라 할 수 있다)을 구체적으로 적용한(혹은 적용하려는) 학교는 흔치 않다. 그 이유는 무엇일까? 우선, 단위 학교와 개별 교사들의 창의적인 교육과정 설계 능력이 부족하다. 수십 년에 걸친 국가 교육과정의 획일적 통제 속에서 학교와 교사들은 정해진 교육과정을 전수, 혹은 재현하는 것으로 자신의 역할을 제한해 왔다. 교육과정을 재해석하고, 창조적으로 적용하는 능력을 '거세' 당한 것이다. 교사들의 자발적 헌신과 협력을 통한 집합적 창의성이 발현되지 않는 한, 미래형 교육과정의 실현은 불가능하다.

또한 당장의 성적 향상과 입시경쟁의 성공을 학교교육의 목표로 설정하는 한, '미래형 교육과정'은 공염불에 지날 수밖에 없다. 따라서 학교 주체(교사와 학생, 학부모)들이 미래 핵심역량 신장의 가치와 중요성에 대한 인식 공유가 없는 한 미래형 교육과정은 현실의 모순을 더욱 증폭시키는 결과를 초래할 것이다. 사회체험, 봉사활동, 진로 탐색보다 당장의 '점수'가 중요하다고 생각하는 구성원들이 많을 때, 교육과정의 자율성은 입시 교과 수업의 확대로 나타날 것이다.

그렇다면 '새로운 학교'가 지향하는 교육과정 재구조화, 혹은 미래형 교육과정은 어떻게 실현 가능할까?

배움이란 아이들을 들여다보고 성장시키는 일이며 아이들이 속한 환경에 맞게 다양한 방법으로 진행되어야 한다는 데 교사들의 공감대가 형성되었다. 이러한 공감대를 바탕으로 학생, 학부모를 비롯한 지역사회의 다양한 요구를 반영한 조현초만의 교육과정을 만들기로 했다. 농산어촌 학교의 일반적인 문제인 학습 기회 부족과 낮은 학력, 문화적인 경험 부족, 낮은 자존감 등의 문제를 극복하고 지역의 장점인 건강한 생태계, 넓은 학습 공간, 적은 학생 수, 교사들의 자발성을 살린 교육과정을 고민하면서 교사들 모두가 청춘이었다.

배움과 삶이 하나 되고 아이들이 그 중심에 우뚝 서는 일, 배움의 감동이 삶의 변화로 이어지는 일, 차별 없이 모두에게 배움이 일어나고 누구나 자신의 장점을 키우는 일, 솔직하고 창의적으로 표현하여 스스로를 성찰하고 성장시키는 일, 일상화된 토론이 그대로 학생들의 문화가 되어 자연스럽게 이루어지는 학생자치, 더불어 함께함이 곧 행복임을 알아 가는 일 등을 골자로 한 '조현꿈자람교육과정'이 만들어졌다. **조현초등학교 이야기, 본문 75~76쪽에서**

조현초의 경험은 새로운 학교 교육과정의 개혁, 혹은 재구조화가 어떻게 실현되는지 잘 나타내고 있다. 교사들의 자발성이 회복되지 않는 한 새로운 교육과정은 시도될 수 없다. 또한 학교 교육과정을 통째로 바꾸기 위해서는 교사들이 '머리를 맞대고' 끊임없이 연구하고 토론해야 한다. 교사들의 자발적 헌신과 협력에 기초한 학습공동체가 조직될 때 집합적 창의성이 실현되고, 새로운 학교 교육과정이 만들어지는 것이다.

"9형태로 구성된 조현교육과정은 교사들에게 부단한 교재 연구를 요구합니다.

수업 이외에 일상적으로 교재를 연구하는 게 제일 중요한 일로 자리 잡았습니다. 왜 가르치는지, 무엇을 가르칠 것인지, 어떻게 가르칠 것인지를 고민하는 일은 피곤한 일이 아니라 오히려 교사로서 스스로 성장하고 있다는 희열을 줍니다. 더군다나 조현초는 특별한 일이 없는 한 같은 학년을 계속 담임하기 때문에 수업 준비를 하는 만큼 내년에 대한 투자가 되는 셈입니다. 홀로 가는 외로운 길이 아니라 함께 하는 동료 교사들이 있고 무엇보다 교육과정을 최우선으로 하며 격려해 주는 관리자가 있으니 즐겁지 않을 수가 없죠."

조현초등학교 이야기, 본문 96~97쪽에서

학교 주체들의 참여와 소통, 자발적 협력에 기초한 학교운영

학교의 진정한 변화는 교사들의 변화로부터 온다. 그리고 그 변화는 승진 점수를 위한 교사 간 경쟁이 아닌 교사들의 자발적 헌신과 협력으로부터 온다. 자발적 헌신과 협력에는 교사로서 자신의 성장에 대한 믿음, 정해진 교육과정의 수동적 전수가 아닌 새로운 교육과정의 설계와 실천이라는 교육과정 운영 주체로서의 자각이 전제되어 있다. 어떻게 보면, 새로운 교육과정의 편성과 운영에 주체적으로 참여하면서, 교사는 비로소 학교교육의 진정한 주체로 '재탄생' 하는 것이다. 새로운 학교 교육과정을 만드는 과정은 곧 교사를 교육의 진정한 주체로 재탄생시키고 교사 조직을 학습공동체로 재조직하는 것과 다르지 않다.

이처럼 '새로운 학교 만들기'는 '학교교육의 진정한 주체로서 교사의 재탄생' '교사 조직의 학습공동체로서 재조직화'로부터 시작된다.

'새로운 학교'에서 교육의 주체로 재탄생하는 것은 교사만이 아니

학교를 바꾸다 - 교장공모제 학교 2년의 기록

다. 학부모와 학생 역시 학교교육의 진정한 주체로 다시 태어나게 된다. 기존의 학교에서 학부모는 학교 급식, 교통 정리, 각종 학교행사에 '동원' 당하거나 연례적인 수업공개 행사에 '참관' 할 수 있을 뿐이었다. 말로는 교육의 주체라고 호명되지만, 실제 학교 교육과정 운영에서는 주체의 역할을 봉쇄당한다.

이러한 상황에서 학부모는 두 가지 중의 하나를 선택하게 된다. 철저한 교육 소비자의 입장에서 공급자(학교)에 끊임없이 요구(대부분 자기 자녀의 성적 향상과 관련된)를 하는 것, 또는 학교교육에 무관심한 채 '학교 밖' 에서 자녀교육의 해법을 모색하는 것이다.

'새로운 학교' 에서는 학부모의 학교교육 참여를 지향한다. 학교 교육과정 및 운영 방향 등에 대해 끊임없이 소통하고, 학생의 성장을 돕기 위해 협력한다. 이 책에 등장하는 세 학교는 모두 사회·경제적으로 열악한 지역에 위치해 있다. 상대적으로 저소득 가정, 조손 가정, 한부모 가정이 많은 조건에서 학부모들의 학교 참여가 제한적일 수밖에 없다. 이러한 조건에서 가정방문, 학부모 저녁 모임 등을 통해 학부모와의 직접적인 소통을 모색하고, 다양한 방법으로 학부모의 학교 참여를 확대하기 위해 노력하고 있다.

무엇보다 교장공모제는 학부모들의 학교에 대한 관심과 참여를 폭발적으로 증대시켰다. 이제껏 소규모 학교의 교장은 기껏 2년을 근무하고 떠나기 일쑤였다. 심하게 표현하면 교장으로 부임하는 순간부터 도시 대규모 학교로 '영전' 하기 위한 노력에 집중하는 것이다. 그런데 교장공모제는 4년 임기를 조건으로 한다. 또한 학교장의 선출 과정에서 학교운영위원회를 통해 학부모와 지역사회가 참여할 수 있는 기회를 제공한다.

3차 심사는 학교운영위원회에서 실시하는데 모두 3명의 지원자가 올랐다. 심사 과정에서 학교운영위원들은 '어떤 지원자를 뽑아야만 우리 학교가 발전을 할 수 있을 것인가' 고심했다. **조현초등학교 이야기, 본문 59쪽에서**

이경탁 교사는 공모제를 하게 된 배경에 대해서, 구성원들 모두 어떤 변화가 찾아오기를 간절히 갈망했다고 말했다. "전에 계시던 교장 선생님은 시설 투자라든지 대외적인 활동을 전혀 안 하셨어요. 보통은 정년 퇴임하는 교장들은 공사라도 많이 벌이잖아요. 그런 것도 안 했어요. 학부모들도 많이 실망했죠." 결국 전반적으로 침체된 학교 분위기를 바꾸어 보려는 시도의 일환으로 교장공모제를 시작하게 되었다. 2007년 11월에 경기도에서는 6개 학교가 공모 교장를 공고했는데, 그중 하나가 덕양중이었다. **덕양중학교 이야기, 본문 128쪽에서**

"교장 공모 심사는 누구보다 우리 일이라고 생각했습니다. 우리 지역의 사정을 잘 아는 교장을 모셔 오는 일이기 때문이지요. 그래서 심사하는 전 과정에 큰 관심을 가졌습니다. 낙후한 농촌 학교를 발전시키려면 지역 실정을 반영해서 중장기 계획을 잘 제시하는 분이라야 한다고 보았습니다."

홍동중학교 이야기, 본문 196~197쪽에서

민주주의 사회에서 개인은 자신의 정치적 대표자를 선출하는 선거 과정에 참여함으로써 진정한 시민(주권자)이 된다. 학부모들이 직접 학교장을 선출하는 과정에 참여하는 것은 그들에게 놀라운 학습과 성장의 기회가 된다. 복수의 후보자들이 제시하는 학교경영계획서를 비교·분석하면서 학교교육에 대한 생생한 학습이 이루어질 뿐 아니라 교장의 선출 과정에 자신의 의견을 제시하면서 학교교육의 주체로 재탄생하는 것이다.

이처럼 교장공모제는 학부모와 지역사회를 학교운영의 주체로 재조직하는 계기가 된다. 주체로 재조직된 학부모는 자연스럽게 학교운영의 권한과 책임을 나누어 맡게 된다. 학교(교사)와의 동반자적 관계를 구축하는 것이다. 이 책에 등장하는 세 학교의 사례는 바로 그러한 변화의 사례를 구체적으로 보여 준다. 교장공모제를 통해 학교와 학부모, 지역사회가 민주적으로 소통하면서 협력하는 교육 모델을 만들어 가는 것이다.

기존 학교의 획일적·관료적 통제 시스템의 최대 피해자는 학생들이다. 학생들은 학교의 주체가 아닌 통제의 대상으로 인식될 뿐이다. 그래서 온갖 규정과 학칙(심지어 반인권적 요소를 가진)으로 학생들의 일상을 '통제'하고, 입시에 대한 불안감과 성적으로 줄 세우기를 통해 통제의 정당성을 확보한다. 이런 상황에서 학생들의 자발성과 창의성, 다양성이 발현되기 어렵다.

'새로운 학교'는 학생들의 자율성과 다양성을 존중하고, 학생들의 의견을 학교운영에 반영하기 위해 노력한다. 학생 인권과 자치활동(학생회, 동아리)을 존중하고, 학생의 의견을 반영한 규정과 학칙을 만들어 간다. 뿐만 아니라 학생들이 배움에서 소외되지 않도록, 학생 중심의 수업을 지향하고 다양한 방과 후 프로그램을 운영한다. 학교는 학생들의 배움의 공간이고, 배움의 주체는 학생이어야 한다는 것이다.

조현초의 '어울마당'(전교생이 직접 기획하고 참여하는 특별활동 프로그램), 덕양중과 홍동중의 두발 자유화, 그리고 다양한 학생회 활동과 동아리 활동은 학생에 대한 '새로운 학교'의 인식 전환을 드러내는 사례들이다. 학생을 통제의 대상이 아니라 자율적 존재로 인정하고, 학생들의 자발성에 기초한 다양한 성장 가능성을 확대하는 것이다.

> "우리 학교는 학생 수가 적어서 경쟁력이 부족할 것 같다는 이야기를 듣곤 하는데, 학생 수가 적으니까 함께 할 수 있는 시간이 많고 서로 친하게 지내요. 다른 사람에 대한 배려를 잘하고, 그래서인지 왕따나 학교 폭력도 없어요." (…) "다른 학교 친구들이 우리 학교를 부러워해요. 두발 자유에 토요일은 사복을 입을 수 있고, 또 여러 가지 체험활동을 하기 때문이지요. 동아리 활동도 잘 되거든요."
>
> **홍동중학교 이야기, 본문 241쪽에서**

학생과 교사가 불필요하게 충돌하게 만드는 교칙도 개정했다. 대부분의 학교에서는 복장과 두발 문제로 아침부터 아이들과 갈등을 겪게 된다. 덕양중은 학생회가 주관하여 두발 자유화를 실시했다. 다만, 염색은 하지 않는 것으로 합의를 했다. (…) 이러한 분위기 속에서 징계 건수가 대폭 줄었다. 2007년만 해도 징계 건수가 22건이었으나 김삼진 교장 부임 이후로 1건밖에 발생하지 않았다. 학교 폭력이 거의 없어졌다는 이야기이다. 아이들의 공동체성이 더욱 강화되고 있는 것으로도 볼 수 있다. **덕양중학교 이야기, 본문 167쪽에서**

누구든 주체로서 인정될 때, 자신이 공동체 안에서 존중받는다고 생각할 때, 자존감을 갖게 된다. 자존감은 학습과 성장의 동기로 이어지고, 또한 자신이 존중받는 만큼 타인에 대한 배려와 공동체적 책무성을 자각하게 된다. 학교가 학생을 주체로 세울 때 학생의 성장도 가능해진다.

이처럼 교사와 학생, 학부모가 진정한 학교의 주체로 재탄생할 때 '새로운 학교'는 가능해진다. 기존의 학교에서 각 주체들은 교육청에서 학교장으로 이어지는 관료적 통제의 대상으로 존재했다. 통제의 대상은 권리가 주어지지 않는다. 또한 권리가 없는 곳에 책임도 없다. 역으로, 권리가 주어지면 자율성이 살아나고, 자율적 판단에 의한 행위에 대해 책무성을 따질 수 있게 된다. '새로운 학교'에서는 이 '간단한' 원리를 중요시한다.

그러므로 '새로운 학교'에서는 자율성과 책무성을 갖춘 교육 주체들의 참여와 소통, 자발적 협력에 기초한 학교운영 시스템을 지향한다. 학생과 교사, 학부모는 물론이고 지역사회가 학교의 주체로서 참여하고 권리와 책임을 나누는, 분권分權과 협치協治의 학교를 꿈꾼다. 이를 '민주적·개방형 거버넌스governance의 구축'이라 부를 수 있는데, '새로운 학교'의 두 번째 조건으로 꼽을 수 있다.

새로운 학교의 첫 번째 조건(교육과정의 변화)과 두 번째 조건(학교운영 시스템의 변화)은 동전의 양면과도 같다. 전자를 지향하지 않는 한 후자는 의미가 없고, 후자의 조건이 충족되지 않고서는 전자가 실현될 수 없다. 남한산초를 비롯한 농촌 소규모 학교의 개혁을 지속적으로 추진 중인 작은학교교육연대 서길원 대표(경기 성남 보평초 교장)는 다음과 같이 말한다.

교사를 비롯한 내부 구성원들의 자발적 노력과 협력이 없이는 진정한 학교개혁이 어렵다. 또한 작은학교교육연대 소속의 학교들이 변화하는 과정을 분석해 보면, 학교개혁의 일반적 경로를 발견할 수 있다. 첫 번째 단계는 관료적·획일적 통제를 극복하고 학교 구성원들의 민주적 소통과 참여 구조를 만드는 것이다. 지역 주민과 학부모, 교사들의 자발적 협력에 기초하기 때문에 관료주의가 자연스럽게 극복되는 것이다. 이 과정을 통해 지역 주민과 학부모, 교사들이 학교의 주체로 재조직되고, 그들 간의 협력 시스템이 구축된다. 이른바 주권자 친화적 학교, 혹은 개방형 거버넌스governance, 協治가 만들어지는 것이다.

그 다음 단계는 계절학교 등을 통해 기존 수업에서 하지 않았던 다양한 체험활동, 프로젝트 수업 등이 시도된다. 이 과정에서 교사들의 자발성과 능동성이 발현된다. 그동안 주어진 교과서를 수동적으로 전달해 왔던 교사들의 능동성이 살아나는 것이다. 그러면 자연스럽게 정규 수업도 변하고 새로운 교육과정에 대한 고민이 생겨난다.

맨 마지막 단계는 학생들의 자발성과 창조성이 발현되는 것이다. 우선 학생 동아리 및 자치활동이 활발해지고, 그것은 학생들의 성장 동기를 자극한다. 그리고 학습에서 자기주도성이 나타나기 시작한다. 이러한 변화 과정은 모든 학교의 개혁에도 적용될 수 있는 원리라고 할 수 있다.

〈함께여는교육〉, 함께여는교육연구소, 14호

공공적 가치에 기반한 배움의 공동체 학교

주체들의 자발성과 협력, 참여와 소통에 의한 교육과정의 재구조화가 실현되면, '공공적 가치에 기반한 배움의 공동체 학교'가 실현된다. 이를 '새로운 학교'의 세 번째 조건, 혹은 궁극적인 지향점이라 할 수 있다.

학교의 공공성은 두 가지 측면에서 정당화된다. 우선, 대부분의 학교에는(일부 '자율형 사립고' 등을 제외하고) 공적 재원이 투입된다. 따라서 학교는 공공재公共財의 성격을 지닌다. 그래서 우리는 학교를 사설학원과 구분하여 공교육公敎育이라 부르는 것이다.

공공의 재원으로 운영되는 학교는 공공적 가치를 추구해야 한다. 즉, 학교교육의 결과가 소수 개인의 성공에 머문다면 공교육으로서 역할을 수행하지 못한 것이라 할 수 있다. 국민의 세금으로 사교육私敎育을 한 셈이다. 또한 교육내용이 개인의 성취뿐 아니라 공적인 가치, 즉 사회를 유지하고 발전시키는 데 필요한 지식과 가치를 포함해야 한다. 생태적 감수성, 공동체적 연대감, 사회적 책무성 등이 학교교육의 중요한 내용이 되어야 한다는 것이다.

그런데 우리 학교교육은 지나친 성적 경쟁, 입시 중심 교육 등으로 인해 '공적 가치'보다는 '개인적 성취'를 위한 것으로 변질되어 있다. 입학 철에 교문에 나부끼는 '특목고 ○명 합격' '서울대 ○명 합격' 등의 현수막은 우리 학교교육의 현주소를 여실히 드러내고 있다. 또한 학교의 구성원 역시 학교교육이 지향해야 하는 공공적 가치에 대해 둔감하다. 때로 학교는 이기적 욕망의 집합소처럼 보이기도 한다. 편안하고 안정적인 직장을 소망하는 교사와 성적 경쟁에서 승리를 갈망하는 학생과 학부모의 욕망이 서로 부딪히며 소용돌이치는 것이다.

'새로운 학교'는 학교교육의 공공성을 강조한다. 학교교육이 개인의 성취뿐 아니라 공공적 가치를 추구하고 미래 세대의 학생들에게 요구되는 자율성과 비판 정신, 생태적 감수성과 공동체 의식, 사회적 책무성 등을 가르친다. 이는 우선적으로 교육과정의 편성과 교육내용을 통해 구현된다. '새로운 학교'의 첫 번째 조건과 연결되는 셈이다.

또한 공공성은 그것이 실현되는 절차와 과정의 경험이 축적되는 과정에서 체득된다. 즉, 개인의 성장과 발전이 타인에 대한 배제와 경쟁이 아닌 자발적 헌신과 타인에 대한 배려, 민주적 소통과 협력을 통해 실현되는 경험이 축적될 때 공공성은 하나의 규범으로 형성되는 것이다.

타인에 대한 선의의 행위가 공동체의 발전에 기여하고, 결국 자신에게 선의의 결과를 가져올 것이라는 믿음이 있을 때, 사람들은 이기적 욕망을 절제하고 공동체의 가치를 받아들이게 된다. 또한 공동체를 위해 자발적으로 참여하고 헌신하게 된다. 학교는 바로 이러한 공공적 경험이 축적되어야 하는 것이다. 이는 '새로운 학교'의 두 번째 조건이 실현되었을 때 가능해진다.

> "내 자식만이 아니라 모든 아이들이 우리 지역의 자식이라는 생각을 가지고 학부모들이 활동했습니다. 학교와 선생님들이 열심히 하는 모습을 보면서 학부모들도 힘을 실어야겠다는 생각이 모아졌지요. 아이들을 보는 눈이 학부모와 교사들이 다를 수 있으니 선생님들과 가까이서 대화하는 게 중요하다고 여겼습니다." **홍동중학교 이야기, 본문 217쪽에서**

'공공적 가치에 기반한 배움의 공동체 학교'에서는 개인의 이익보다 공공적 가치가 우선되고 타인에 대한 배려와 공동체적 책무성이 강조된다. 학생들이 성적과 외모, 가정 배경 등에 의해 차별받지 않고 누구나 존중받고 배려받는 학교이다. 학생의 다양성이 인정되고 다양한 성장 동기가 자극되고 자율적이고 협동적인 배움이 실현된다.

　또한 교사와 학부모 역시 공급자와 수요자, 전문가와 비전문가의 이분법에서 벗어나 끊임없이 소통하고 협력하는 학교이다. 이 과정에서 학생뿐 아니라 교사와 학부모 역시 함께 배우고 성장한다. 그래서 학교 구성원 모두에게 배움이 일어나는 것이다.

교장공모제와 '새로운 학교'

우리가 생각하는 '새로운 학교'는 학교운영 시스템의 혁신, 즉 학교 주체들의 민주적 소통과 협력에 의한 학교운영을 전제로 한다. 그런 면에서 교장공모제는 중요한 수단이 될 수 있다. 교장 공모 과정에서 교사와 학부모 등 학교 주체들은 어떤 교장 후보자를 선택할 것인지 고민하고 토론하게 된다. 이 과정에서 학교교육의 철학과 교육과정 등에 대한 '학습'이 진행되며, 진정한 학교의 주체들이 재조직되고 민주적·개방적 리더십이 형성될 수 있는 것이다.

　또한 공모 교장은 4년 임기를 전제로 임용되며, 자율학교 지정에 따른 교사 초빙 권한이 확대된다. 즉, 중장기적 비전을 제시하는 학교장과 그 비전에 동의하는 교사들의 결집이 가능한 것이다. 이 책에 등장하는 세 학교 역시 이러한 교장공모제의 장점을 활용하여 새로운 학교 만들기를 진행하고 있다.

　그렇다면 교장공모제가 곧 학교개혁의 등가물인가? 즉, 모든 교장
공모제 학교가 새로운 학교 만들기에 성공하는가? 교육과학기술부의
정책연구(〈교장공모제의 공모교장 직무수행에 대한 효과 분석〉, 나민주 외,
2009)에 따르면, 교장 직무 수행과 학교의 긍정적 변화 측면에서 공모
교장이 일반 승진 교장에 비해 훨씬 높은 평가를 받았다(공모 교장 :
84.1, 일반 승진 교장 : 74.6). 특히 교육 경력 15년 이상의 평교사(교장 자
격 미소지자)를 대상으로 하는 내부형 공모 교장이 가장 높은 평가를 받
았다(내부형 : 85.1, 개방형 : 83.5, 초빙형 : 82.0). 또한 교장공모제에 따
른 긍정적 변화로 학교운영의 자율성(민주적 분위기)이 높아지고, 학교
경영의 투명성과 책임성이 제고되었다는 점이 가장 많이 언급되었다.
교장공모제가 학교장의 책무성을 높이고 학교를 변화시키는 데 긍정
적 효과를 나타내고 있는 것이다.

　하지만 교장공모제 학교 내부에서도 분명한 차이가 존재한다. 학교
장의 리더십과 교사와 학부모 등 교육 주체들의 준비 정도에 따라 교
장공모제는 우리가 구상하는 '새로운 학교'를 지향할 수도 있고, 그렇
지 않을 수도 있다.

　이 책에 등장하는 세 학교는 내부형 교장공모제 학교 중에서 성공적
으로 학교혁신이 추진되는 곳으로 알려져 있다. 조현초와 홍동중은 농
촌형 학교혁신 모델로 알려져 교육과학기술부가 추진 중인 '전원학
교'로 선정되었고, 또한 조현초와 덕양중은 경기도교육청에서 의욕적
으로 추진하는 '혁신학교'의 대표적 모델학교이다. 세 학교 모두 각종

언론 매체를 통해 수차례 보도되어 전국적으로 알려지면서 학교혁신을 모색하는 수많은 교사·학부모·연구자들이 방문하는 '거점학교'의 역할을 담당하고 있다.

그렇다면 교장공모제 학교의 일반적 특성, 특히 내부형 공모제 학교의 효과성 외에 세 학교의 성공 요인은 무엇인가? 우선, 학교장의 탁월한 교육과정 리더십을 꼽을 수 있다. 교육과정 리더십이란 창의적인 교육과정 디자인 및 실행 능력, 그리고 그것을 동료(후배) 교사들과 민주적으로 소통하는 능력을 의미하는 것으로 행정적 리더십과 구별되는 개념이라 할 수 있다.

조현초 이중현 교장은 전교조 경기지부장, 경기도교육감 선거 후보, 교육혁신위원회 전문위원 등의 경력에서 알 수 있듯이, 오랫동안 학교개혁운동과 정책연구 분야의 전문가로 알려진 인물이다. 하지만 무엇보다 '교사'로서 새로운 교육활동을 기획하고 운영한 경험이 풍부하다. 기존 교육과정을 재구성하여 주제학습, 협동학습, 토론학습 등 다양한 수업을 진행하고, 학생·학부모·교사가 함께 참여하는 축제를 기획하기도 했다.

홍동중 이정로 교장 역시 천안 복자여자고등학교 영어교사 시절부터 체험활동 위주의 인성교육 프로그램을 기획·운영하고, 학생들의 협동적 배움에 기초한 수업 모형을 개발·적용하는 등 창의적인 교육과정 기획 능력을 널리 인정받아 온 인물이다. 천안 YMCA 이사장을 역임하는 등 시민사회단체 활동에도 적극 참여하고, 시민사회의 의제를 학교교육과 다양하게 연결시킨 경험을 갖고 있다.

덕양중 김삼진 교장은 한국교수학습방법연구회 회장으로서 프로젝트 수업에 대한 높은 식견과 풍부한 경험을 갖고 있다. 교장으로 부임한 첫 해에는 덕양중 교사뿐 아니라 외부의 교사들에게도 자신의 수업을 공개하여 수업공개의 물꼬를 텄다. 아마도 덕양중은 학교장이 직접 공개수업을 실시한 거의 유일한 학교가 될 듯하다.

이처럼 세 학교의 교장들은 교사로서 탁월한 능력과 성실성을 갖추었을 뿐 아니라 리더로서의 자질을 꾸준히 준비해 온 이들이라 할 수 있다.

또한 세 교장의 공통점은 오랫동안 학교교육의 개혁을 위해 연구하고 실천해 온 교육단체의 주요 구성원이라는 점이다. 이중현 교장은 스쿨디자인21^{www.schooldesign21.com}이라는 교사운동단체의 회원이고, 이정로 교장은 충남교육연구소^{www.chungnamedu.or.kr}의 소장을 역임했다. 또한 김삼진 교장은 기독교사단체인 좋은교사운동^{www.goodteacher.org}의 회원으로 활동했다.

스쿨디자인21, 충남교육연구소, 좋은교사운동 등은 세 학교의 교장 공모 과정에서 학교경영계획서 작성 과정에 함께 참여했다. 훌륭한 개인의 능력이 아닌, 학교개혁에 대한 열정을 가진 교사들의 '집합적 창의성'이 반영된 것이다. 교장 부임 뒤에는 단체 소속의 교사들이 해당 학교의 초빙 교사로 결합하여 '새로운 학교 만들기'에 참여했다.

좋은교사운동은 아예 별도의 TF팀을 구성하여, 덕양중 교장 공모 과정부터 체계적인 교사연수, 다양한 방과후활동 지원, 외부 네트워크 연결 등을 지속적으로 전개하고 있다. 충남교육연구소는 2008년 '홍동중학교 새 학교 만들기 1년 평가 세미나'를 주최하고, 2009년에는 '홍동중학교 평가 연구'를 통해 홍동중의 성과와 한계, 발전 방향 등을 제시했다. 조현초 교사들 역시 스쿨디자인21이 주관하는 연수에 지속적으로 참여하여 교육적 실천 경험을 공유하고 있다. 뿐만 아니라 작은학교교육연대 회원 학교로서 전국의 학교개혁을 지향하는 교사, 학부모와 끊임없이 연대하고 있다.

이처럼 외부 교육단체와의 결합, 지속적 연계는 교장공모제 학교의 성공에 매우 중요한 요소가 된다. 교장 개인의 탁월성에 의존할 때 자칫 교장공모제는 학교 권력 교체 이상의 의미를 갖기 어렵다. 외부 교사 조직, 혹은 연구소와의 지속적인 연계는 학교의 안과 밖을 아우르는 집합적 창의성을 발현시켜 진정한 학교개혁의 가능성을 만드는 것이다.

내부형 공모제 학교로서 세 학교는 많은 공통점을 갖고 있지만 '새로운 학교'를 만들어 나가는 과정은 사뭇 다르다. 지역적 상황, 주체들의 조건 등에 따라 학교개혁의 지향점과 과정 역시 '특성화'된 것이다.

조현초는 교육과정 혁신을 최우선의 과제로 설정했다. 이는 기존 국가수준교육과정의 획일성에 대한 이중현 교장의 비판적 인식, 그리고 스쿨디자인21에서 지속적으로 진행된 새로운 학교 교육과정에 대한 연구와 실천의 성과가 반영된 것이라 할 수 있다. 또한 농촌의 교육소외를 고려한 교육복지의 강조, 나아가 학교를 지역공동체 복원의 중심으로 재구조화하려는 노력을 하고 있다. 학교가 단지 낙후된 농촌교육을 재생시킬 뿐 아니라 농촌지역의 사회경제적 조건을 개선하여 새로운 지역공동체를 만드는 역할을 담당하려는 것이다. 조현초는 학부모 대상의 직업능력교육을 진행하고 지역사회와 함께 인근의 생태적 조건(용문산, 계곡 등)을 활용한 생태문화단지 조성을 추진하고 있다. 우리는 조현초를 통해 사회경제적으로 소외된 농촌지역에서 학교가 어떻게 지역을 바꾸어 나가는지 관찰할 수 있을 것이다. 나아가 학교의 사회적 역할과 책무성에 대한 전혀 새로운 모델이 등장하는 것을 볼 수도 있다.

홍동중 역시 교육과정의 특성화를 최우선 과제로 설정했다. 지식 위주 교육을 극복한 핵심역량 중심의 교육과정, 교육과정의 지역화 전략은 특성화 범교과로 편성되었다. 입시교육의 강한 영향력 아래 있는 중등학교에서 이러한 시도는 그 자체로서 매우 귀중한 것이다. 또한 생태농업의 메카로 알려진 홍성군 홍동면 지역의 사회문화적 인프라와 연계된 학교 모델을 지향하고 있다. '전원학교' 사업의 일환으로 추진 중인 '(가칭)홍동지역교육센터'가 설립되면 우리는 학교와 지역사회가 어우러진 지역교육공동체의 구체적인 모델을 경험할 수 있을 것이다.

덕양중은 교사학습공동체 구현을 우선 과제로 설정했다. 2008년부터 지속적이고 체계적인 교사연수를 진행했고, 그 과정을 통해 수업의 변화가 뚜렷해지고 있다. 수업의 질을 높여 학생들의 학습력을 제고한다는 것이다. 2010년부터는 창의적 교수학습을 위한 평가 시스템의 혁신을 추진하고 있다. 결과 중심이 아닌 과정 중심의 평가를 위해 수행평가에 대한 피드백을 강화하고 학생들의 다양한 성장을 기록하여 포트폴리오로 관리하는 시스템을 구축하고 있다. 이는 기존의 결과와 양 중심의 평가에서 과정과 질 중심의 평가로 전환을 의미하는 것으로 학교혁신의 핵심 문제에 도전하는 것이다. 또한 도시의 다양한 학습 자원을 네트워크화하여 학생들에 대한 다양한 학습 기회를 제공하고 있다. 이는 조현초나 홍동중과 다른, 도시형 지역교육공동체 모델이라고 부를 만하다.

이 책에 등장하는 세 학교가 어떤 모습으로 변화해 갈지 우리는 아직 알 수 없다. 이제껏 비교적 성공적인 교장공모제 학교, 혹은 학교혁신 모델로 알려져 있지만 우리가 생각하는 '새로운 학교'의 성공 모델과는 아직 거리가 있다. 어쩌면 우리가 '새로운 학교'에서 상정하는 '공공적 가치에 기반한 배움의 공동체 학교'는 이상적인 모델로서 우리가 지속적으로 추구해야 하는 목표점이 될 수도 있다.

하지만 적어도 세 학교는 '새로운 학교 만들기'를 지향하고 있으며 그 어느 학교보다 성공 가능성이 높다는 것은 인정해야 할 것이다. 그 이유는 학교를 통째로 혁신하려는 주체들이 형성되어 있고 주체들 간의 상호소통과 협력이 이루어지고 있기 때문이다.

'새로운 학교 만들기', 어디에서 시작해야 하는가

학교자율화 정책에 의해 교장공모제는 더욱 확대될 전망이다. 교육과학기술부는 '교육 비리 근절을 위한 제도 개선' 차원에서 교장공모제를 50%까지 대폭 확대하겠다고 밝혔다('제1차 교육개혁대책회의', 2010년 3월 17일). 최근 인사 비리로 사회적 물의를 빚은 서울시교육청의 경우, 한술 더 떠 모든 초·중·고 교장을 공모를 통해 임용하겠다고 밝히고 있다('서울교육발전종합계획', 2010년 3월 22일).

애초에 교원 인사의 경직성에 따른 대안으로 제시되었던 교장공모제가 이제는 교육 비리 근절 역할까지 떠맡게 된 것이다. 우리가 생각하는 '학교 구성원의 주체로의 재탄생' '민주적·개방적 리더십 형성' 과정으로서의 교장공모제와는 사뭇 다른 의도를 담고 있다.

그러다 보니 교장 자격 미소지자를 대상으로 하는 내부형 교장공모제에는 매우 소극적이다. 교과부가 추진 중인 교장공모제 입법화의 내용에는 교장 자격 미소지자의 교장 공모를 제한하는 내용이 담겨 있다. 대신에 교장 자격 연수를 확대하여 교장 자격 소지자를 결원 교장의 150%(현재는 130%)까지 확대한다고 한다. 결국 교장 자격증 소지자 간의 경쟁을 강화하겠다는 것이다.

반면에 민주당 소속의 국회의원이 제출한 교장공모제 입법안에는 기존의 내부형 교장공모제를 확대하는 내용이 포함되어 있다. 이는 그동안 시범사업으로 진행되어 온 교장공모제의 평가 결과와 부합되고, 애초에 제도 도입의 근거로 제시되었던 교원 인사 제도의 경직성을 극복하는 것이기도 하다. 아무튼 교장공모제 입법화 과정에는 '내부형 교장공모제'를 둘러싼 논란이 진행될 것으로 보인다.

교장 자격증 소지 여부와 무관하게, 학교장 임용 과정에 학교의 구성원들이 참여하는 것은 학교 단위 개혁의 가능성을 확대하는 것이라 할 수 있다. 물론 그 반대의 가능성도 상존한다. 학교장의 책무성이 강조되고, '학력 향상'이 책무성의 중요 기준으로 제시되는 상황에서,

교장공모제는 자칫 학력 경쟁의 강화와 학교교육의 황폐화로 귀결될 수 있다. 이는 서울시교육청이 '교장공모제 100% 시행'에서 '비리 척결'과 더불어 '학력 향상'을 내세운 것을 보면 충분히 예견할 수 있는 것이다.

어찌되었든 교장공모제가 확대되고 학교자율화정책이 추진되는 만큼 학교 단위 개혁의 가능성은 더욱 확대되고 있다고 볼 수 있다. 교사와 학부모 등 교육 주체들이 공유하는 교육적 가치와 철학에 의해 학교의 성격이 달라질 수 있는 것이다.

또한 교육감 직선제와 교육자치의 확대는 학교개혁운동의 또 다른 가능성을 확대하고 있다. 2010년 6월의 교육감 선거 결과에 따라서 현재 경기도교육청에서 추진 중인 '혁신학교'와 같은 공교육혁신운동이 타지역에서도 다양한 방식으로 전개될 가능성이 있는 것이다.

이러한 교육정책 환경의 변화는 학교개혁운동 진영에 새로운 전략과 준비를 요구하고 있다. 기존의 정치적·이념적 운동과 미시적 교육실천의 한계를 뛰어넘은 학교 단위 개혁, 학교를 통째로 혁신하고 그학교들로 네트워크를 형성하여 실질적인 학교개혁 모델을 확산하는 전략이 필요한 것이다.

이를 위해서는 기존의 다양한 교사학습조직(교과연구모임, 교수학습방법연구모임, 학급운영연구모임 등)을 지역이나 단위 학교별로 재편하는 노력이 전개되어야 한다. 학교의 변화와 개혁을 꿈꾸는 교사들이 그동안 자신이 축적한 각 분야의 전문성을 바탕으로, 학교나 지역별로 새로운 학습과 실천을 모색해야 한다.

각 교과별로 가장 훌륭한 교사들이 모인다고 해서 그 학교가 좋은 학교가 될 수는 없다. 학교의 구성원들이 학교혁신에 대한 비전을 공유하고, 상호협력하는 문화를 형성하지 않는 한 학교의 변화와 개혁은 불가능하다. 따라서 단위 학교 개혁을 지향하는 교사학습조직은 다음의 주제에 대한 학습과 실천을 조직해야 한다.

- 새로운 학교 교육과정을 어떻게 편성 · 운영할 것인가?
- 학교의 구성원들(학생, 교사, 학부모, 지역사회)을 어떻게 주체로 만들 것인가?
- 학교 주체 간의 소통과 협력에 기반한 '집합적 창의성'을 어떻게 실현할 것인가?
- 민주적 · 개방형 거버넌스에 적합한 리더십을 어떻게 형성할 것인가?
- 공공적 가치에 기반한 배움의 공동체를 어떻게 실현할 것인가?
- 학생 중심의 수업을 어떻게 실현할 것인가?
- 학교혁신 모델학교, 혹은 거점학교의 성과를 어떻게 확산할 것인가?

물론 이 외에도 단위 학교 혁신과 혁신 모델의 확산을 위한 다양한 주제들을 학습하고 실천할 수 있다. 그리고 이 과정은 그동안 분업화된 업무 처리와 개별화된 교육활동에 익숙했던 교사들에게 학교교육에 대한 전혀 새로운 인식을 안겨다 줄 것이다.

단위 학교 혁신을 위한 학교별, 혹은 지역별 교사모임이 자생적으로 조직되기는 어렵다. 개별 조직 간의 네트워크가 구성되고, 네트워크를 통해 학습내용과 실천 전략이 공유되어야 한다. 2009년 결성된 새로운학교네트워크cafe.daum.net/newschoolnet(이하 새학교넷)는 바로 그러한 문제의식에 공감하는 교사들이 모인 전국 조직이다. 새학교넷은 새로운 학교의 철학과 이념, 학교상과 실천 전략 등을 연구하는 한편, 거점학교를 세우는 것에 주력하고 있다. 거점학교는 그 자체로서 새학교넷의 실천적 성과이자 새로운 학교개혁운동의 실질적 주체가 될 것이다.

새로운 교육을 꿈꾸는 교사, 학부모들은 거점학교를 방문하는 것만으로도 무한한 상상력과 실천의 동력을 얻을 수 있다. 남한산초의 성공 사례가 거산초등학교, 상주남부초등학교, 삼우초등학교 등으로 확산되었듯이 성공적인 학교혁신 모델은 그 어떤 운동보다 '위력적이다'.

경기도 혁신학교 역시 마찬가지이다. 2009년 가을, 경기도의 4개 지역에서 진행된 '학교혁신을 위한 교사 리더십 연수'에 수백 명의 교사들이 참여했다. 그들은 남한산초, 조현초, 거산초, 덕양중, 홍동중, 이우학교 등을 방문하여 새로운 학교개혁 사례와 가능성을 공유했다. 그리고 지역별 학습모임을 결성하여 해당 지역의 단위 학교를 혁신하기 위한 구체적인 학습과 실천을 진행했다. 그중의 일부는 2010년 3월에 교장 공모와 교사 초빙을 통해 단위 학교에 결집하여 '새로운 학교 만들기'를 시작했다.

물론 '새로운 학교 만들기'는 교사들의 노력만으로 불가능하다. 특히 교장공모제가 대폭 확대되는 조건에서는 학부모, 지역사회와의 소통, 학교개혁 철학에 대한 공유와 조직적 연대가 필수적이다. 각 지역의 학부모 조직, 혹은 풀뿌리 교육운동단체와의 연대와 협력이 없이는 불가능하다.

2010년 1월, '풀뿌리 교육 시민운동'을 표방하며 출범한 교육희망 네트워크cafe.daum.net/eduhopenet는 새로운 학교 만들기의 소중한 자산이 될 것이다. 학교별로, 혹은 지역별로 학습하고 실천하는 교사 조직과 학부모 조직, 풀뿌리 교육운동 조직이 결합한다면 우리는 학교개혁운 동의 새로운 희망을 발견할 수 있을 것이다.

이 책에 등장하는 세 학교에서 교장 공모 과정을 통해 학교 구성원 사이의 토론이 치열하게 벌어진 것처럼 다른 곳에서 그런 움직임이 일 어나야 한다. 교사와 학부모, 지역 주민들이 자신의 학교를 어떻게 변 화시킬 것인지, 어떤 교장이 그 변화와 개혁의 리더로서 적합한지 끊 임없이 토론해야 한다. 바로 그것이 교육의 진정한 주체가 되는 길이 며, 새로운 학교를 만들어 가는 첫걸음이다.

'새로운 학교 만들기' 와 학교개혁운동

이러한 '새로운 학교 만들기' 운동이 어떻게 우리 학교교육 전반을 개혁할 수 있을까? 우리는 폐교 위기의 소규모 농촌 학교를 성공적으 로 재구조화한 학교들의 연대 조직인 작은학교교육연대의 경험, 그 리고 외국의 다양한 학교개혁운동 사례로부터 그 가능성을 발견할 수 있다.

작은학교교육연대는 전국의 7개 학교를 회원으로 하는 네트워크 조 직으로, 가입을 희망하는 학교들의 신청을 받아 자체 기준을 통해 회 원 학교를 인증하고 있다. 최근 언론 보도 등을 통해 소속 학교들이 널 리 알려지면서 작은학교교육연대의 회원 학교에는 전학 문의가 쇄도

하고 있다. 경기도 한 초등학교는 작은학교교육연대에 가입 신청을 했다('가입 신청이 승인되었다'가 아니라)는 소문이 퍼지면서 전학생이 급증했다.

또한 작은학교교육연대 소속 학교들은 인근 학교들의 변화에도 긍정적인 영향을 미치고 있다. 남한산초가 인근의 학교들과 교류하면서 교육적 성과를 확산하고 있고, 조현초의 성공적인 학교혁신 모델은 세월초등학교와 수입초등학교 등 양평 지역의 학교들로 확산되고 있다. 거점학교의 역할을 훌륭하게 담당하고 있는 것이다.

이처럼 소규모 학교를 중심으로 '새로운 학교 만들기' 운동을 전개하고 있는 작은학교교육연대는 조직의 위상과 목표를 다음과 같이 제시하고 있다.

작은학교교육연대는

작은학교 교육과 학교개혁의 실천적 대안을 모색하는 교육 실천가들의 모임으로서 공동체적 교육을 추구하는 학교 간의 연대와 지원을 목적으로 창립한 단체이다.

작은학교교육연대가 하는 일은

① 비교육적 학교문화를 타파하고 학교교육을 정상화하는 일

② 작은학교 교육에 관한 연구와 실천 활동을 하는 일

③ 지역사회와 학교의 만남을 통해 사회적 연대를 넓히는 일

④ 작은학교교육연대 회원 학교 간의 연대와 확산을 위한 지원 활동

작은학교교육연대가 추구하는 학교개혁운동은

① 실천적 학교개혁운동을 통해 미래 교육의 답을 찾습니다.

② 소외된 곳으로부터 학교교육의 희망을 다시 찾습니다.

③ 거점학교에서 성공적 사례를 만들고 네트워크를 통해 확산합니다.

④ 공립학교에서 실천 가능한 개혁 모델을 통해 교육의 공공성을 찾아갑니다.

⑤ 자발적인 교사들의 공동 실천과 학부모의 협력을 통한 학교공동체를

　만들어 갑니다.

　'작은 학교'의 이미지만큼이나 소박하고 단순한 언어로 표현되었다. 어떤 거창한 이념이나 담론이 아니라 구체적인 실천 지침이 들어 있는 것이다. '새로운 학교 운동' 역시 매우 소박한 강령으로 출발을 할지도 모른다. 실천 성과가 축적되고 사회적 영향력이 증대되는 만큼 강령 역시 풍부해질 것이다.

　작은학교교육연대가 교사와 학부모의 소박한 실천에서 시작되었다면, 미국의 이센셜스쿨연합CES : Coalition of Essential School은 저명한 교육학자인 시저Theodore R. Sizer(브라운대학교 교수)의 연구로부터 시작되었다고 한다. 시저와 그 동료들은 미국 고등학교의 문제점에 대한 분석을 토대로 새로운 교육의 일반 원리를 제시하고, 그러한 교육철학과 교육과정에 동의하는 학교를 공모했다. 1984년 12개 학교로 출범한 이센셜스쿨연합은 현재 수백 개의 학교로 확대되었다. 이센셜스쿨연합에서 제시하는 학교교육의 일반 원리는 다음과 같다.

① 자신의 마음을 잘 다스리는 것을 배우기

② 많이보다는 적게, 넓게보다는 깊이

③ 모든 학생들에게 적용되는 목표

④ 학습의 개별화

⑤ 참여자로서의 학생, 조력자로서의 교사

⑥ 전문적 지식의 공개 입증

⑦ 예절 바르고 신뢰하는 태도

⑧ 학교 전체에 대한 헌신

⑨ 교수와 학습을 지원하는 자원

⑩ 민주주의와 평등

<학교혁신 국내 · 외 사례 비교 연구>, 임연기 외, 교육혁신위원회, 2006년

이센셜스쿨연합은 교육의 일반 원리, 즉 교육과정의 편성과 운영에 관련한 기준을 중점적으로 제시하고 있다. 학교운영 시스템, 각 주체들의 조직 운영 원리에 대해서는 구체적으로 서술하고 있지 않다. 하지만 이센셜스쿨연합이 어떤 학교를 지향하는지, 어떤 철학에 기초하여 교육과정을 운영할 것인지는 알 수 있다. 학부모의 입장에서 보면, 자신의 자녀를 인근의 이센셜스쿨연합 소속 학교에 보낼 것인지, 아니면 다른 학교에 보낼 것인지 판단하게 될 것이다.

'새로운 학교 만들기'가 하나의 운동으로, 조직적 실천으로 발전하기 위해서는 '새로운 학교'가 지향하는 교육철학과 학교상을 제시해야 한다. 새로운 학교의 이념적 기초, 교육과정의 원리, 학교운영 시스템 등을 강령 수준의 문구로 표현해야 한다. 또한 그러한 새로운 학교의 강령에 동의하는 학교들을 회원으로 조직하고, 나아가 우리 학교교육이 개혁 방향에 대한 담론을 형성하고 확산시키는 노력을 기울여야한다.

이 과정은 한편으로 한국적 상황에 적합한 미래형 학교의 모델(학교혁신 모델)을 연구하고 실천하는 것이며, 다른 한편으로는 새로운 학교 만들기 운동의 모델학교와 거점학교를 확산하는 것이기도 하다. 마치 남한산초의 성공 경험이 작은학교교육연대로 확대되었듯이 새로운 학교 만들기에 성공한 단위 학교들이 운동의 주체로서 역할을 담당할 것이다. 이 책에 등장하는 세 학교는 바로 그러한 모델학교, 거점학교의 가능성이 가장 높은 학교들이라 할 수 있다.

이 책이 다루고 있는 '교장공모제를 활용한 새로운 학교 만들기'는 이제 2단계로 진입하고 있다고 보여진다. 2008에서 2009년을 지나면서 새로운 학교를 지향하는 내부형 교장공모제 학교들이 늘어났고, 무엇보다 대도시의 거대 학교에서 새로운 모델을 실험하는 학교들이 생겨나고 있다.

경남의 사천중학교, 광주의 치평중학교과 수완중학교, 성남의 보평초등학교, 용인의 흥덕고등학교 등이 새학교넷과의 조직적 연계 속에서 다양한 방식으로 새로운 학교 만들기에 나서고 있다. 특히 2009년 9월에 판교 신도시에서 개교한 보평초등학교는 인근의 부동산 가격을 올려놓을 정도로 학부모와 지역사회의 폭발적인 관심과 기대를 얻고 있다.

이들 대도시의 대규모 학교에서 성공적인 학교 모델이 만들어진다면, '새로운 학교'는 한 단계 발전된 모습으로 전개될 것이다. 농촌과 도시, 초등과 중등, 소규모 학교와 거대 학교를 아우르는 진정한 학교 개혁운동으로 발전할 것이다.

우리는 소망한다. '새로운 학교'들이 하나의 네트워크로 조직되고, 자신들의 교육적 경험과 실천을 공유하고, 나아가 다른 학교들로 확산해 나가는 것을……. '교육 위기' 담론을 넘어 '학교 무용론' '학교 해체론'이 거칠게 제기되는 상황에서 '새로운 학교'란 어떤 것이며 어떻게 만들어 나갈 것인지 모든 교육 주체들이 머리를 맞대고 토론하는 모습을 상상한다. 이러한 학교개혁운동은 '위로부터의' 개혁에 맞서는 '아래로부터의' 개혁운동이며, 또한 진정한 학교 자율화·다양화 전략이며, 획일적인 성적 경쟁으로부터 미래 세대를 구원하는 길이기도 하다.

아이들과 함께
성장하는 학교

조현초등학교 이야기 | 박성만

왜 조현초등학교였을까

2007년 4월 25일 '교장공모제 예비지정학교 안내'
라는 공문이 학교에 접수되었다. 교장공모제 예비
지정학교를 선정하는데 교장의 정년, 임기 만료, 학교 신설 등으로 예
비 지정이 가능한 학교의 신청을 받고 예비 지정 신청이 없을 경우 교
육감이 학교 통폐합, 지역 혁신 필요성 등을 고려하여 직권으로 예비
지정 학교로 선정할 수 있다는 내용이었다. 특히 도서 · 벽지 · 농산어
촌지역, 공단지역, 소외 · 낙후지역의 학교를 중심으로 지정하되 소규
모 학교를 우선 지정한다고 했다.

학교 구성원의 의사와는 전혀 관계없이 교육감 직권으로 교장공모
제 예비지정학교 명단에 조현초등학교가 포함된 날, '조건에 맞는 많
은 학교 중 왜 조현초일까?' 라는 의문에 교사들은 저마다 다양한 대답
을 내놓았다. '교육계 안팎에서 교장공모제 실시에 따른 찬반 의견이
분분한 상황이라 도내 어느 학교도 교장공모제를 신청하지 않았을 것

이다' '하지만 교육부에서 추진하는 일이니 도교육청에서는 따를 수
밖에 없었을 것이다' '농촌의 작은 학교이니 교장공모제로 좋은 성과
를 거두어도 파급효과가 그렇게 크지 않을 것이라고 판단했을 것이다'
'학교운영위원회의 교원위원 중 전교조 조합원이 1명밖에 없으니 진
보적 성향을 가진 지원자가 교장으로 초빙될 가능성도 적고 교육청의
입맛에 맞는 지원자를 뽑을 수 있을 것이라 기대했을 것이다' 등 다양
한 분석이 나왔다.

　당시 조현초 교사들은 공모제 교장이 오는 것에 대한 찬반 입장이
있었지만 공개적으로 자신의 의견을 드러내지 않았다. 반면 학부모들
의 반응은 폭발적이었다. 교장공모제 지정과 관련하여 학부모들의 의
견을 묻는 총회에 참석한 19명 전원이 찬성했고 설문 조사에서는 54
명이 찬성 의견을 표했다. 거의 모든 학부모가 교장공모제를 찬성한
셈이다. 이는 그대로 교육청에 보고되어 2007년 5월 21일 교장공모제
지정 학교로 선정되었다.

　당시 조현초는 학생 수 100명 정도의 작은 농촌 학교였다. 천 백여 년
이 넘은 은행나무로 유명한 용문사를 품고 있는 용문산 자락의 9개 마

박성만　ecopsm@gmail.com

"아저씨가 개구리샘이죠?" 1학년 아이가 소매를 잡고 묻습니다. 언니한테 들은 개구리샘이
누구인지 궁금했나 봅니다. 아이들이랑 가깝게 지내면서 아이들이 신나게 생활할 수 있게
도움 주려 궁리하며 살아갑니다. 남들은 '왜 그런 학교로 가냐?' 라고 했지만 아이들이 있
는 곳이라 '그냥' 왔고, 또 인연이 닿아서 날마다 고민하며 낑낑거리는 행운을 안을 수 있
었지요. 조현초에서 4년을 보냈고 앞으로 몇 년을 함께할지는 모르지만, 있는 동안 작은 결
실이라도 맺어 다 함께 나누고 싶답니다.

을 아이들이 다니는 60여 년의 전통이 있는 전형적인 시골 학교다. 한 때 18학급 규모였던 것이 점점 학생 수가 줄어들어 2007년에는 100명 남짓밖에 남지 않았다. 2004년부터 2년 동안 경기도교육청의 '돌아오 는농촌학교' 시범학교로 한때 주목을 받기도 했지만 취학 연령의 아이 들이 급감하고 있어서 2013년에는 70명까지 내려갈 수 있는 상황이었 다. 5년 안에 폐교가 되거나 분교장으로 격하될 수 있어서 동문회와 지역의 학부모들은 매우 우려했다.

조현초는 울창하게 솟은 잣나무 숲과 학교 앞을 흐르는 개울이 아름다운 배경을 이루어 한번쯤 근무해 보고 싶은 마음이 들게 하는 학교다. 하지만 면 소재지에 위치해 있지도 않고 교통도 불편했다. 덕망 있는 관리자가 교사들을 끌어들이는 곳도 아니었다. 대부분의 교사들은 타시군에서 들어왔다가 최소 근무연수 2년을 채운 후 떠났다. 용문산 관광지구가 학구 안에 있어 학부모들은 관광객을 상대로 하는 식당이나 펜션과 관련된 일을 하거나 농업에 종사하고 있다. 대부분의 농촌지역이 그렇듯이

*

'양평' 하면 용문사 은행나무를 떠올리는 것처럼 양평에는 은행나무가 많다. 우리 학교 운동장 주변에도 아름드리 은행나무가 많이 자리 잡고 있어서 가을이면 학교도, 아이들의 마음도 모두 노란색으로 물들어 간다.

부모와 떨어져서 할아버지 할머니와 생활하는 아이들도 많았고 이런저런 이유로 도시에서 들어온 아이들이 40% 정도 되었다. 작은 학교라 교사 수가 적어 업무량이 많은데다 부모들은 아이들의 학습뿐만 아니라 생활지도까지 학교에 전적으로 기대고 있어서 교사들은 중압감을 느꼈다.

조현초 아이들은 대부분 같은 면에 있는 용문중학교로 진학을 하게 되는데 용문중에는 용문면 안에 있는 세 개 초등학교 학생들이 모인다. 중학교 반 배치고사 결과가 곧바로 세 초등학교에 대한 평가로 이어지는 분위기여서 6학년들을 밤 9시까지 보충수업을 시키거나 겨울방학에도 아이들을 학교에 나오게 해 시험문제를 풀게 했다. 이런 비정상적인 교육활동이 이루어지는데도 학교 구성원 어느 누구도 문제 삼지 않았다.

학습에 대한 학부모나 교사들의 관심과는 별개로 아이들의 생활 면은 그리 좋지 않았다. 시골 아이의 순박함을 간직하고 있지만 주말이나 휴일이면 수많은 관광객들을 접하다 보니 나름의 문제들을 안고 있었다. 2007년 9월 1일 자로 부임해 왔던 한 선생님은 처음 이 학교에 왔을 때 무슨 일이라도 발생하면 어쩌나 걱정했다고 한다. 방과후활동도 제대로 준비된 것도 없었고 학교 밖에서 아이들끼리 어울려 다니면서 바르지 못한 행동을 한다는 주민들의 이야기를 들으면 불안했다고 한다. 학교 운동장에서 밝게 뛰노는 아이들 모습도 보기 힘들었고 두세 명씩 학교 구석에 앉아 고개를 숙이고 이유 없이 땅에 발길질을 하다가 학교 버스나 학원 차가 오면 타고 가는 아이들의 무표정한 모습에 교사들도 무기력해하는 분위기였다.

조현초에서 교장공모제를 실시한다는 공고가 나자 교장 자격을 소지한 관내 다른 학교의 교감 한 분과 본교 교감, 이중현 교사를 포함한 평교사 두 명 등 네 명의 지원자가 나타났다. 지원자들의 인적 사항이 지역에 급속하게 퍼지면서 과열 조짐이 나타나기도 했고, 후보자 중 한 명이 본교 교감이기 때문에 공정성이 우려된다는 이유로 당초 1, 2차 심사를 학교에서 하기로 한 계획을 변경하여 도교육청의 교장공모제 심사위원회로 넘겨졌다.

3차 심사는 학교운영위원회에서 실시하는데 모두 3명의 지원자가 올랐다. 심사 과정에서 학교운영위원들은 '어떤 지원자를 뽑아야만 우리 학교가 발전을 할 수 있을 것인가' 고심했다. 지원자들이 낸 자기소개서나 학교경영계획서 같은 자료가 학교운영위원들에게 전해지기

*
봄볕 좋은 날 4학년 아이들이 식물 자세히 그리기를 하고 있다.

도 전부터 이미 '조현초에는 누가 교장으로 와야 되며 누구는 절대로 안 된다'는 말이 오고 가기도 했다. 어떤 후보를 밀 것인지 학교운영위원들 간에도 갈등이 없을 수 없었다. 교원위원들은 민감한 사안이니만큼 갈등이 생기지 않도록 서로 애를 쓰기도 했고, 행여 갈등이 표면화된다 해도 몇 개월 참았다가 학교를 옮기면 그만이었다. 하지만 지역에 거주하고 있는 학부모위원들 사이의 갈등은 지역사회의 갈등으로 번질 소지가 있어서 더 조심스럽고 부담스러웠다.

공모 교장 선출 과정에 참여했던 한 교사는 교장공모제를 학부모나 교사들에게 이해시키는 게 가장 어려웠다고 했다. 교장 자격증도 없는 교사가 학교장이 된다는 것을 학부모나 지역사회는 물론 학교운영위원들조차도 이해를 하지 못했고, 교장이나 교감 승진을 앞둔 교감이나 교사들의 저항은 이루 말할 수 없었다. 언론에서도 부정적인 측면을 비중 있게 보도하면서 우려를 더 키웠다. 이러한 현실에서 교사들이 할 수 있는 일은 교장공모제도를 설명하고 장단점을 있는 그대로 알리는 일이었다고 한다. 선택은 학부모와 지역사회의 몫이지만 그 결과는 우리 아이들에게 커다란 영향을 미친다는 점을 부각시키는 일은 힘든 작업이었다고 한다.

10명의 학부모와 교사들이 참관한 가운데 학교운영위원들로 꾸려진 교장공모제심사위원회의 주관으로 3차 심사가 진행되었다. 이날 지원자들은 다음과 같이 소견을 발표했다.

교육의 본질을 추구하는 학교, 변화와 개혁을 지향하는 학교를 만들기 위해 스스로 배우며 실력을 기르는 어린이, 서로를 배려하는 마음을 가진 어린이, 새로운 생각으로 도전하는 어린이, 몸과 마음이 튼튼한 어린이를 길러 내겠습니다.

관내 타학교 교감, 교직 경력 33년

좋은 학교는 학생 중심의 '가고 싶은 학교' '보고 싶은 선생님' '하고 싶은 공부'가 있는 즐거운 곳입니다. 이런 학교가 되려면 선생님과 학생들 사이에 사랑과 존경이 넘쳐야 합니다. 사랑과 존경이 함께하는 즐거운 학교에서 추구하는 미래상을 '실력 있는 학생' '존경받는 교사' '신뢰받는 학교' '솔선하는 학부모'로 학교교육 목표를 설정하여 학교경영에 임하고자 합니다.

본교 교감, 교직 경력 30년

마지막으로 나온 이중현 교사는 다음과 같이 지원 동기를 밝혔다.

저는 조현초에서 우리나라 학교교육의 희망을 만들고 싶습니다. 우리나라의 많은 교사나 학자들이 외국의 초등학교를 방문합니다. 프랑스의 프레네 학교, 독일의 헬레네랑에, 발도르프 학교, 일본의 배움의 공동체 등이 그런 학교들입니다. 조현초를 국내는 물론 외국의 교사들이 우리나라를 방문하여 벤치마킹할 수 있는 모델학교로 가꾸고 싶습니다.

이를 위해 교원의 자발성으로 작은 학교의 새로운 모델을 만들어 갈 것입니다. 교원, 학부모, 학생, 지역사회의 참여와 자치로 운영되는 공동체학교, 학생의 창의성과 자기주도적학습을 중시하는 학습자 중심의 학교, 지역사회에 긍지와 희망을 주는 학교, 교육격차 해소와 복지를 위해 노력하는 학교로 조현초를 만들고 싶습니다.

아이들은 누구나 자주성이 있고 자신만의 장점을 가지고 있습니다. 또한 아이들 삶의 진정한 변화는 배움과 생활의 감동에서 오며 감동을 주는 교육은 아이들에 대한 신뢰와 열정으로 이뤄진다고 생각합니다. 이런 생각을 바탕으로 최고의 학습 능력을 갖춘 실력 있는 어린이, 자기의 장점을 최대한 발휘하는 창의적인 어린이, 더불어 나누는 삶의 자세를 가진 바른 품성을 지닌 어린이를 학교 목표로 삼을 것입니다.

그래서 개인의 능력을 최대한 살리는 맞춤 교육, 자기 발견과 나눔을 배우는 활동 중심 교육, 생태체험과 문화예술체험을 통한 감성교육, 생활 속에서 자기를 바로 세우는 실천 교육을 하고 싶습니다. 혼자 꾸는 꿈은 꿈에 지나지 않지만 함께 꾸는 꿈은 현실이 됩니다. 조현초에서는 누구나, 최고의, 다양한 교육을 받을 수 있도록 최선을 다하겠습니다.

평교사가 교장으로

심사 기간 동안 떠돌던 소문과 많은 사람들의 예상을 깨고 학교운영위원들은 이중현 교사를 조현초의 공모제 교장으로 선택했다. 2007년 9월 1일 자로 부임한 이중현 교장은 공모 과정에서 생긴 갈등을 해소하는 데 최대한 노력했다. 교육은 학교를 둘러싼 많은 사람들의 참여와 협력에 의해 이루어지므로 갈등을 해결하지 않고서는 조현초의 교육이 탄력을 받을 수 없었다. 이중현 교장의 진실성과 교육에 대한 열정을 이해하면서 한 분 두 분 마음의 문을 열고 조현초의 새로운 시작에 함께하기 시작했다. 구성원들의 화합을 이루어 내면서 이후 학교개혁을 추진해 나갈 계기가 마련된 것이다.

*
운동장에서 놀고 있는 4학년 아이들.
아이들 뒤로 '큰 꿈을 가꾸는 작은 학교'라는 현판이 보인다.

당시 이중현 교사는 전교조 경기지부장 출신으로 3대 민선 경기도 교육감 선거(2001년)에 나가 득표율 2위를 기록한 경력이 있는 교육운동가이자 동화 작가였다. 이중현 교사가 공모제 교장으로 선출되었다는 소식을 듣고 새로운 학교 만드는 일에 꼭 함께 하고 싶다며 초빙교사로 온 허정윤 교사는 2006년 구리의 장자초등학교에서 이중현 교사와 함께 근무했던 기억을 떠올렸다. "6학년 선생님들과 함께 학교에서 늦게까지 남아 '어떻게 하면 아이들의 소질을 키워 줄 수 있을까' 아

이들 스스로 만들어 가는 특별활동을 할 수 있을까' 서로 이야기하며 교육과정을 재구성하고 통합학습을 실시하기도 했어요." 허 교사는 그때 이중현 교사와 함께한 경험이 아주 특별했고, 그런 신뢰가 조현초에 오게 된 결정적인 이유가 되었다고 말했다.

이중현 교사는 학교 안에서뿐만 아니라 학교 밖의 다양한 사회 활동을 통해 우리 교육의 문제를 고민하고 해결하려 노력을 했다. 김대중, 노무현 정부 시절 '교육개혁위원회'와 대통령 직속 '교육혁신위원회'

✻
한동안 교사들의 주된 관심사는 '어떻게 하면 아이들이 제대로 놀게 할 수 있을까' 하는 것이었다. 중간놀이 시간을 30분으로 늘리고 수요일에는 오전 수업을 마치면 마음껏 뛰어놀게 했다. ◐ 운동장 한가운데에서 3학년 아이들이 형들과 오징어놀이를 하고 있다. ◐ 줄넘기를 하고 있는 2학년 아이들. ◐ 쉬는 시간에 담임선생님은 아이들의 동갑내기 친구가 된다.

에 함께하며 정부의 주요 교육정책 입안에 참여하기도 했다. 작은 학교를 살리기 위한 경기도 지역 교사들의 모임인 '스쿨디자인21'과 함께한 활동도 빼놓을 수 없다. 스쿨디자인21은 폐교를 앞두고 있던 경기도 광주의 남한산초등학교가 공교육의 개혁 사례로 거듭나는 데 직간접적으로 참여했거나 뜻을 같이하는 교사들로 이루어진 모임이다. 공교육의 보편적 대안을 제시하며 학교교육이 '관료들에 의한 교육'이 아니라 '아이들을 위한 교육'으로 거듭나야 함을 강조한다. 스쿨디자인21에서는 아이들의 다양한 학습 선택권을 보장하는 학습자 중심의 교육 시스템으로의 변환을 꾀하고 미래교육, 새로운 교육과정, 학교혁신에 대한 구상을 하고 있다. 아이들에게 자유와 행복을 주는 학교 디자인도 연구하며 경험을 공유하고 있다. 이와 더불어 경기도 내 시군별로 '새로운 학교'의 모델이 될 거점학교들을 세워 가는 목표를 가지고 있다.

이중현 교사는 스쿨디자인21 모임의 출발부터 함께하며 각종 연수를 통해 '새로운 학교'의 모델이 될 학교의 교육과정을 계획하고 공교육의 문제들을 극복하기 위한 방안을 찾는 데 노력해 왔다. 외국의 다양한 공교육 성공 사례들에 대한 연구도 함께 진행했다. 그런 시점에서 교장공모제 학교 공고가 나오자 이중현 교사와 스쿨디자인21은 조현초가 '새로운 학교' 모델이 될 수 있는 여건이 충분하다고 판단하고 준비 모임을 꾸렸다. 이후 수차례 학교와 지역사회를 방문하고 정보를 수집하여 조현초의 지역적 조건과 강점과 약점을 분석하여 학교장의 교육철학을 담아 조현초 교육의 큰 그림을 그려 냈다.

변할 수 있는 학교

2007년 9월 1일, 드디어 조현초에 평교사인 이중현 교사가 교장으로
부임해 왔다. 전교조 핵심 활동가이자 우리나라 교육정책을 입안하는
데 참여했던 교육운동가가 교장으로 부임하자 세간의 이목이 쏠렸다.
많은 이의 격려와 기대, 시기와 질투가 한 몸에 쏟아지는 상황이었다.
'정말 열심히 해서 우리 교육의 희망이 되어야 될 텐데…….' '그동안
구호만 외치고 말로만 떠들더니 어디 잘하나 보자!' 모두들 지켜보는
형국이었다.

새 교장을 맞이하는 교사들은 조금씩 변화를 체감해 나갔다. 출퇴근할

*
학생회 수련회는 학교에서 1박 2일 뒤뜰야영을 하거나 학교 밖으로
나가 2박 3일 일정으로 진행한다. 뒤뜰야영 때 6학년 아이가 직접
만든 꿀맛 같은 비빔밥을 선생님께 맛보이고 있다.

때만 잠시 스쳐 갔던 교무실에 쉬는 시간에 한 번이라도 더 와 보려 노력하며 학교에서 일어나는 작은 움직임에도 함께 어울리려고 했다. 이런 변화는 교대에 다니면서 꿈꿔 왔던, 하지만 현실의 벽에 부딪히며 접어야만 했던 교사의 역할을 이제 우리도 할 수 있겠다라는 희망으로 자라났다.

이중현 교장은 학교운영 전반에 걸친 치밀한 계획과 실천 방안이 있었고, 모든 일을 민주적으로 결정하려고 노력하고 그 과정을 공개하여 교사들의 공감을 얻었다. 공모제 과정 중에 제시되었던 학교운영계획들은 하나 둘씩 교사들의 연수 주제가 되었고 이중현 교장은 그 내용을 함께 채워 나가는 데 주저하지 않았다. 이해가 부족하거나 방향을 잘못 잡은 교사가 있으면 함께 의논하고 막힌 데를 뚫어 주는 역할을 했다. 이중현 교장의 부임 이후 변화된 조현초의 모습을 교사들은 다음과 같이 말하고 있다.

공모제 학교의 교사로서 아이들을 잘 가르쳐야 한다는 생각과 함께 우리 학교를 공교육의 모델로 만들고 싶다는 교장 선생님의 말씀에 부담이 더 생겼죠. 처음 시작할 때는 막막하기만 했고요. 하지만 교장 선생님은 혼자서 앞서 가는 분이 아니라 회의를 통해 함께 결정하고 자세히 안내해 주며 교사들과 함께 학교를 꾸려 갔습니다. 전반적인 학교 분위기가 민주적으로 바뀌었다고나 할까요.

이소영 교사

제가 느낀 첫 번째 변화는 학교 사업의 공개적 추진이었습니다. 예를 들면, 학교

건물 외벽을 새로 칠할 건데 어떤 색을 쓸까? 어떻게 디자인할까? 생태공원화 사업을 추진할 건데 어디에 무엇을 설치하면 좋을까? 등을 결정할 때 회의를 열어 교직원들의 의견을 반영하는 것이었습니다. 별거 아니라고 생각할 수도 있지만 이것은 민주적 의견 수렴 절차 이상의 의미를 지니고 있습니다. 사업의 투명성을 확보해서 구성원들의 신뢰와 관심을 높일 뿐 아니라 학교의 구성원들을 학교 사업의 주체로 끌어들임으로써 조현이라는 공동체의 결속력을 다지는 효과까지 거둘 수 있었습니다. 어느 날 갑자기 학교 안에 중장비가 들어와 공사를 시작해도 무슨 영문인지 몰라 어리둥절했던 과거의 경험에 비추어 보면 그 자체만으로도 혁신이라 할 만했습니다.

이규황 교사

이런 학교 변화는 예산 운영에서도 마찬가지였다. 주어진 예산이라고 함부로 하지 않고 '어떻게 하면 효율적으로 예산을 운영할 것인

* 2학년 아이들의 체육시간

농촌에 살면서도 농촌 생활을 하지 못하는 아이들을 위해 지역 탐방을 하고 농촌 생활을 경험하는 다양한 활동을 하고 있다. 3, 4학년 아이들이 가까이에 있는 보릿고개마을에서 보리개떡을 만들고 있다.

가?' 신중을 기했다. 낡은 조회대가 흉물스럽게 있었는데 마침 지역교육청에서 조회대를 리모델링하라고 예산을 지원했다. 이중현 교장은 행정실 직원과 함께 며칠을 고민하더니 철골 구조의 위압적인 조회대를 목재를 사용한 친근하고 따뜻한 조회대로 탈바꿈시켰다. 절약한 돈으로 조회대 부근과 중앙 현관 계단까지 말끔하게 바꿔 놓았고 '큰 꿈을 가꾸는 작은 학교'라는 현판을 달아 학교 뒷산 자락과 자연스럽게 어울리게 만들었다.

당시 학교 구성원 모두의 바람은 학교에 도서관이 생기는 일이었다. 이중현 교장을 비롯한 동문회, 학교운영위원회의 노력으로 도서관 관련 예산을 도교육청으로부터 지원받게 되었다. 하지만 예산은 건물 신축과 실내 인테리어, 기본 가구와 도서 구입하는 데만 쓰기에도 빠듯했다. 좁은 면적을 효과적으로 활용하기 위한 디자인을 하거나 겨울이 긴 지역의 특성상 꼭 필요한 바닥 난방을 설치하는 데는 턱없이 부족했다. 수차례 회의를 했지만 방법이 없었고 모두들 부족한 예산 탓만 했다. 하지만 이중현 교장은 밤늦게까지 인터넷 검색을 통해 저렴한 비용으로 난방시설을 설치할 수 있는 공법과 업체를 찾아냈고 아이들이 겨울에도 따뜻하게 책을 볼 수 있도록 도서관을 꾸몄다.

수업하는 교사 대신 교장이나 교감, 교무보조가 공문서를 처리하는 것이 일상화되었고 복도나 실외 환경, 각종 시설물의 관리는 행정실의 몫이 되었다. 학교는 학생들을 교육하는 곳이라는 철학하에 교사들이 교육활동에 전념할 수 있게 지원하는 분위기를 만들어 나갔다. 문화예술교육을 위해 관련 기관에 지원을 요청하거나 각종 교육사업에 응모하는 일도 교장이 하는 주요 일 중의 하나가 되었고, 방학 중 교사들의 자율적인 연수를 위해 학교 근무는 교장, 교감이 도맡아 했다. 교육 외적인 것에 에너지를 낭비하지 않게 되면서 학교 안에서 교육과정을 최우선시하는 분위기가 자연스럽게 만들어졌다. 권위적이고 획일적인 지시와 전달은 사라졌고 교사들의 불필요한 일 처리 과정을 줄이면서 담당자가 그 권한을 대폭 위임받아 일을 책임 있게 처리할 수 있도록 하기 위해 전결 규정을 대폭 고쳐 나갔다. 교장은 학교 교육과정이나 학급 교육과정 운영상 생기는 문제점이나 어려움을 교사들과 함께 고민하고 조언해 주는 조력자의 역할을 했다.

＊
학교 뒤편 햇살 좋은 곳에서 6학년 담임선생님과 아이들이
리코더 연습을 하고 있다.

교무회의의 모습도 달라졌다. 업무 전달에만 그치지 않고, 다양한 의견을 공유하며 치열하게 논쟁했고 밤늦게까지 회의가 이어지곤 했다. 모두가 공감하고 합의할 때까지 회의는 계속되었고 그렇게 치열하게 회의하고 결정된 것이기 때문에 교육활동에 자신감이 생기고 교사들 사이에 신뢰가 쌓여 갔다.

이런 분위기는 교사들의 교육에 대한 잠재된 열정을 깨우기 시작했다. 2008년 9월에 육아휴직을 마치고 복직한 도움반 최미자 교사는 "모든 교사들이 공동의 지향점을 향해 함께 노력하는 모습은 그동안 못 보던 새로운 모습"이라고 했다. 최 교사는 "교사들이 함께 고민하고 연구하면서 애쓰는 모습과 공부 잘하는 아이들만 특별하게 생각하지 않고 모든 아이들의 성장을 지켜보려는 모습이 매우 인상적"이라고 덧붙였다.

교사들은 학교 교육과정에 대한 이해를 같이할 필요가 있다는 것에 동의했다. 엄밀히 말하면 그동안 학교 교육과정은 없었다고 해도 과언이 아닐 것이다. 학교 특색사업 정도만 공유될 뿐 교사들은 학급을 통해서만 아이들을 만났고 학급 안에서 교육을 바라보았다. 내 반 아이가 아니면 별 관심을 두지 않았고 다른 학년이나 다른 학급 일은 간섭해서는 안 된다는 것이 교직 사회의 불문율이었다. 이런 교사 개인주의가 어쩌면 우리 학교교육을 정체시킨 가장 큰 요인일 수도 있다. 조현초 교사들은 이제는 자기 교실에서 벗어나 학교라는 좀 더 큰 틀에서 교육을 바라볼 필요가 있다는 것에 인식을 같이했다. 학교 교육과정이 왜 중요한지, 학교 교육과정과 학급 교육과정의 유기적 소통이 왜 필요한지 이해하기 시작했다. 처음에는 다소 낯설고 버거운 일이었다. 밤늦도록 교무실에 불이 켜져 있는 모습을 보는 것은 어렵지 않았다. 공모제 교장 부임 이후 '새 교장이 교사들을 혹사시킨다'는 우스갯소리가 인근 학교에 나돌 정도였다.

학교교육의 관행에서 탈피해 새로운 것을 만들어 가는 창조적 경험은 때로 고통이 뒤따르기도 했다. 관행을 벗어나고자 했지만 스스로 만든 관행을 벗어나기 버거워하기도 했다. 관료적 권위가 사라진 '열린' 회의 방식에 혼란스러워하기도 하고 많은 시간 이야기를 나누었지만 진전 없이 제자리를 맴돌기도 했다. 수없이 많은 이야기를 쏟아내기도 했지만 끝없이 이어지는 이야기를 견뎌 내기 힘들어하기도 했다. 늘 육체적인 피로에 젖어 있고 더러는 병원 신세를 지기도 했지만 이런 문제를 가지고 단 한 사람도 불평을 하거나 문제 제기를 하지 않았다. 험한 벼랑을 건너고 난 사람이 한층 성숙해지듯이 교사들은 스스로 성장해 가고 있다는 희열을 그렇게 맛보고 있었던 것이다. 교사 중 누군가 말했다. "조현초 교사들은 몸은 좀 피곤하지만 마음만은 최고"라고.

조현꿈자람교육과정을 만들다

한국의 학교는 교육과정이나 학교행사가 거의 획일적이다. 어느 지역의 어느 초등학교를 가더라도 동일한 교과서로, 비슷한 시기에, 비슷한 내용으로 수업을 한다. 이런 학교교육의 현실 속에서는 사회의 변화와 그 변화 속에서 자라는 우리 아이들의 변화를 따라잡을 수 없다. 이미 우리 사회는 지식과 정보의 활용을 중요시한 지식기반사회를 넘

＊
조현초만의 교육과정을 만들기 위해서는 교사들 사이에 공감대를
형성하는 것이 가장 시급한 일이었다. 2007년 11월, 밤늦게까지 남
아 교육과정에 대한 협의를 하고 있는 교사들.

어 감성, 상상력, 가치 등 인간의 내면을 중요시하는 후기지식기반사
회로 바뀌어 가고 있다. 또 학생들은 획일적이고 순응적인 기성세대와
달리 정치, 사회적으로 보다 자율적이고, 개성적이며, 문화적인 면에
서 다양성을 가지고 있다.

　배움이란 아이들을 들여다보고 성장시키는 일이며 아이들이 속한
환경에 맞게 다양한 방법으로 진행되어야 한다는 데 교사들의 공감대
가 형성되었다. 이러한 공감대를 바탕으로 학생, 학부모를 비롯한 지
역사회의 다양한 요구를 반영한 조현초만의 교육과정을 만들기로 했
다. 농산어촌 학교의 일반적인 문제인 학습 기회 부족과 낮은 학력, 문
화적인 경험 부족, 낮은 자존감 등의 문제를 극복하고 지역의 장점인

건강한 생태계, 넓은 학습 공간, 적은 학생 수, 교사들의 자발성을 살린 교육과정을 고민하면서 교사들 모두가 청춘이었다.

배움과 삶이 하나 되고 아이들이 그 중심에 우뚝 서는 일, 배움의 감동이 삶의 변화로 이어지는 일, 차별 없이 모두에게 배움이 일어나고 누구나 자신의 장점을 키우는 일, 솔직하고 창의적으로 표현하여 스스로를 성찰하고 성장시키는 일, 일상화된 토론이 그대로 학생들의 문화가 되어 자연스럽게 이루어지는 학생자치, 더불어 함께함이 곧 행복임을 알아 가는 일 등을 골자로 한 '조현꿈자람교육과정'이 만들어졌다.

조현꿈자람교육과정의 큰 뼈대를 중심으로 살펴보면,

첫째, 교육내용의 다양화이다. 이는 사교육 경감, 모두를 위한 수월

* 효과적인 문화예술학습을 하기 위해 방학이면 문화예술 강사들과 담임교사들이 함께 모여 논의하는 자리를 갖는다. 사진은 밤늦게까지 진행되고 있는 연극 놀이 워크숍 장면.

성 교육, 미래 사회에 적합한 인재 양성, 공교육 내실화 등으로 한국 교육의 일반적인 과제 해결을 위한 대안적 노력이 포함되어 있고 교육 내용의 획일성을 극복하고자 했다.

둘째, 도농격차 해소이다. 농촌지역에 위치한 우리 학교의 특수성인 저학력 문제, 돌봄의 부족 등에 대한 대안을 담고 있다.

셋째, 지역사회에 기여하는 학교이다. 이는 학교의 역할을 '자녀를 가르치고, 학부모 · 지역사회와 소통하는 곳'이라는 관점을 넘어 학교가 지역사회의 발전에 기여함으로써 자연스럽게 지역사회의 문화를 선도하겠다는 의지이다.

넷째, 교원의 자발성으로 농촌 학교의 새로운 모델 만들기이다. 이는 앞의 3가지를 이루기 위한 원동력이 결국 교원의 자발성에 달렸음을 의미한다.

교육과정을 설계하는 일은 교사들 사이의 가치관과 지향점을 자연스럽게 확인하고 나누는 과정이었다. 소통을 통해 합의하는 것은 기나긴 토론을 요구하는 일이었다. 더러는 긴 토론에 지치기도 하고 일상생활에 지장을 초래하기도 했지만 함께 준비하고 함께 실천하는 것은 분명 신나는 일이었다. 그런 의미에서 조현꿈자람교육과정은 우리 학교 교사들의 열정의 산물이며 정체성 그 자체이다.

조현꿈자람교육과정을 설계하면서 많은 연수와 치열한 토론이 존재했던 이유는 교육과정은 공동으로 연구하고 공동으로 실천하면서 만들어 가야 하기 때문이다. 목표를 정하고 그 목표를 향해 함께 과정을 만들어 가고, 실천 결과를 함께 나누면서 지향점을 분명히 하는 전문가적 공동체가 되기를 희망했다. 조현초 아이들이 교육과정을 따라 학교생활을 하다 보면 자연스럽게 교육과정의 목표가 삶이 되고 자신이 되는 것을 꿈꾸었다. 대부분의 학교가 분명한 학교 철학 없이 그때그때의 요구에 맞게 교육과정을 만들어 간다면, 조현꿈자람교육과정은 철학을 공유하고 전체 교육과정 속에서 학년의 과정을 설계하기 때문에 지속적인 교육이 이루어지게 된다. 이것이 조현 교사들을 끊임없이 토론과 학습의 장으로 끌어들이는 이유이다.

조현꿈자람교육과정은 배움의 과정을 통해 자기다움에 기반한 꿈을

© 우리교육 최승훈

세우고 자발적으로 키워 가는 것을 기본으로 한다. 이를 위해 창의적 재량활동이나 특활, 그리고 교과 수업에서 목표를 분명히 하고 수업내용을 결정하며 수업방법과 평가의 변화를 시도하고 있다. 그동안 일부 학교에서 창의적 재량활동, 특활을 중심으로 일부 교과의 부분적 변화를 시도해 왔지만 우리 학교는 교과와 학교행사, 방과후활동을 모두 아우르는 총체적인 교육과정을 만들고 학부모회와 지역사회와 함께하는 교육을 지향하는 만큼 그 변화의 폭이 매우 크다. 그런 만큼 교사들의 부담도 클 수밖에 없다. 조현꿈자람교육과정은 많은 준비와 학습, 토론 속에서 점차 안정화되고 있다.

© 우리교육 최승훈

＊
○○ 특기적성 시간에 종이 공예를 하는 아이들. 집에 가져가 부모님께 자랑할 수 있어 더욱 더 열심히 참여한다. ○ 올해 처음 가야금을 접한 1학년 아이의 표정이 진지하기만 하다.

교육내용을 다양화하기 위해 만든 것이 '조현교육과정 9형태'이다. 아이들의 능력을 최대한 살리고 획일적인 교육내용을 극복하고 학력 향상에 대한 학부모와 지역사회의 요구를 반영하기 위해 애썼다. 또한 지역의 우수한 생태환경을 교육과정에 활용하고 지역에 문화예술교육 기반이 거의 없는 것을 극복하기 위해 창의적인 교육과정을 중심으로 재구성했다.

〈조현교육과정 9형태〉

학습 형태 \ 구분 \ 관련 교과		내용	시간 배치	연간 시수
디딤돌학습	국어, 수학	연산, 읽기, 쓰기 기초학력 보충	월, 화, 수, 목 20분	68
다지기학습	음악, 체육	리코더 연주, 민속놀이(제기차기)	해당 교과 시간 및 과제 활동	–
발전학습	국어, 수학	학생 선택에 의한 심화학습	1, 3주 토 2시간	17~34
통합학습	교과통합	현장체험형	연 4회	24
문화 예술학습	국어(문학,연극), 미술, 체육(무용), 음악	각 교과 영역별 문화예술교육	무용, 연극, 음악, 미술 각 12시간	각 12
생태학습	교과통합	생태탐사활동	연 3~4회	12
창조학습	재량활동 (주기집중활동)	생태문화예술교육 프로그램	학년별 20시간	20
동아리	특별활동	동아리 활동	1, 3주 화요일 2시간	34 (4~6년)
어울마당	특별활동	자치, 적응, 계발, 행사 활동	매주 수 1시간	34

'디딤돌학습'은 '뒤처지는 학생이 없도록 하자'라는 목표로 언어, 수리 영역의 기초 기능을 숙련하는 교육과정이다. '다지기학습'은 우

리 학교를 졸업하면 리코더 연주를 자연스럽게 하고 우리의 민속놀이를 익히고 체력도 키우기 위해 만들어졌고 '발전학습'은 학생들이 스스로 만들어 가는 자기주도적학습이다. '통합학습'은 교과의 내용을 통합하여 체험형으로 운영되고 있고, '생태학습'은 학교와 마을 주변의 우수한 생태환경을 활용하여 오감체험하는 활동이다. '문화예술학습'은 자신을 표현하며 이웃과 세계를 이해하고 창의력을 신장하고 지역·사회·삶과 연계된 교육과정이 되고자 했다. '창조학습'은 우리 학교의 우수한 생태환경을 활용하고 부족한 문화예술체험을 보완하고자 창의적 재량활동 시간을 생태문화예술 교육과정으로 편성 운영하고 있다. 이 외에 학생들이 학교의 행사를 직접 계획하고 운영해 봄으로써 자발성과 자립심을 기르고 학생 자치활동의 활성화로 건전한 학생문화를 정착하고자 하는 '어울마당', 4~6학년의 계발활동으로 학생 스스로 만들어 가는 '동아리 활동'이 있다.

소현교육과정 9형태는 위의 가치를 기존의 학교 교육과정의 틀에서 실현되도록 했다. 조현초의 교육과정 재구성 수준은 그리 높은 편은 아니지만 다른 학교와 비교할 때는 상대적으로 많은 변화가 있다. 교육과정을 재구성하기 위해서는 교사들의 준비 정도나 예산이 매우 중요한 변수가 될 수밖에 없다. 문화예술학습이나 창조학습은 외부 전문 강사가 지도한다. 이 문제 때문에 교사들 사이에서 많은 토론이 있었다. 이러한 교육은 필요하나 교사들의 역량으로는 하기 어려웠다. 교사들이 할 수 있다고 하더라도 업무 부담이 커서 지속하기에는 어려움이 있었다. 지역사회나 외부 전문 인력의 지원이 필요할 수밖에 없는 데 그러기 위해서는 예산이 필요하다. 이 문제는 2009년에 조현초가 교육과학기술부의 전원학교, 경기도교육청의 혁신학교로 지정되면서 교육과정 진행에 필요한 예산을 지원받게 되어 다소나마 해소되었다. 조현교육과정 9형태를 운영하느라 교사들의 업무량이 증가해서 힘들었지만 이후 조현초 교육활동의 중심이 되었다.

배움의 길을 이야기하다

디딤돌학습과 다지기학습, 통합학습, 발전학습

모든 배움에도 기본이 되는 능력이 있다. 조현초 교사들은 학력 결손이 생기는 가장 큰 원인이 수학과의 연산 능력과 국어과의 독해 능력에 있다고 생각했다. 아이들의 삶이 될 수 없는 숫자의 세계, 너무나도 커다란 차이를 보이는 독해 능력은 학교에서 책임지고 격차를 좁혀 주어야 한다.

국어, 수학수업을 블록으로 80분 운영할 때면 20분씩 어휘력을 향상시키고 연산 능력을 키우기 위한 활동을 한다. 처음에는 교사들이 20분이라는 짧은 시간 동안 너무 많은 욕심을 내어 본 수업에 지장을 주기도 했고, 기초적인 계산 능력이 없어 따라오지 못하는 학생들에게는 시간이 부족한 경우가 많았다. 언어와 수리 기초학습 능력을 키우기 위해 만든 게 디딤돌학습이다. 간단한 사칙연산을 해결하는 수학과는 열 개 정도의 연산 문제를 풀면서 짧게는 3분에서 길게는 6분 정도를 쓴다. 빠르게 해결하기 위해 애쓰는 과정에서 아이들은 자연스럽게 십진수의 원리와 이용 방법을 익힌다. 국어과는 학년에 따라 조금씩

*

여러 교과에서 관련 주제를 모아 이뤄지는 통합학습은 1년
에 4번 하고 있다. ◎◎ 남양주에 있는 주필거미박물관에서
거미를 관찰하면서 전혀 놀라지 않고 호기심을 보이고 있는
3학년 여자아이들. ◎ 3학년 아이들이 세미원 정자에서 명
상을 하고 있다. ◎ 세미원에서 물가에 있는 식물을 조사하
고 있는 3학년 아이들.

차이는 있지만 6학년의 경우 가치 관련 낱말을 짐작하여 사전에서 찾고, 생활 속에서도 찾아보며, 정확하게 문장으로 사용하면서 감정을 통해 낱말을 이해하는 활동을 하고 있다. 모두에게 배움이 일어나도록 하기 위한 기본 능력 신장 프로그램을 디딤돌학습으로 실천하고 있다. 또 방과 후에 진행되는 기초학력 지도, 보충학습 지도, 미술심리 치료와 병행하여 이루어지고 있으며 2009학년 11월부터 학습지원교사를 채용하여 수학시간에 미처 따라오지 못하는 학생을 지도하고 있다.

각 교과에는 '자나 각도기 사용법' '리코더 부는 법' '원 그리는 법' '원고지 사용법' 등 다양한 기능적인 요소가 있는데 이런 요소들은 수업시간 곳곳에서 활용되고 있다. 전 학년, 각 교과의 기능적인 요소를

*
6학년 아이들에게 폭넓은 시각을 주기 위해
매년 5월, 중국의 자매결연학교를 방문한다.

학교를 바꾸다 – 교장공모제 학교 2년의 기록

숙달시키기 위해 만든 것이 다지기학습이다. 하지만 각 교과의 기능적인 요소가 너무 양이 많아 '제대로 실시되는 것이냐' '굳이 다지기라는 용어를 써 가면서 교사들이나 학생들에게 또 하나의 짐을 주는 것이 아니냐' 하는 문제 제기가 있었다. 이런 점을 보완하여 구체적으로 한두 가지 기능을 6년 동안 확실하게 익힐 수 있도록 하자는 쪽으로 의견이 모아졌다. 그래서 집중하게 된 게 리코더와 제기차기이다. 우리 학교를 졸업하면 악보를 보고 리코더 연주를 자연스럽게 할 수 있고, 민속놀이인 제기차기를 통해 건강한 신체를 갖도록 하기 위함이다. 누가 시켜서 하는 것이 아니라 짬짬이 틈나는 대로 아이들 스스로 연습할 수 있는 분위기를 만들어 운영하고 있다. 또 학년별 수준을 고려하여 관련 교과와 연계하여 지도하고 있으며 학급이나 학교 단위 발표대회를 열어 격려하고 있다.

배움과 삶은 대체로 동떨어져 있다. 문화재를 배우지만 이를 통해 조상들의 혼을 느끼지 못한다. 시장을 배우지만 그 속에서 살아가는 사람들의 삶은 느끼지 못한다. 홀로 존재하는 세계는 어디에도 없지만 우리 교과는 따로따로 존재한다. 어떻게 배움을 통해 감동을 줄 수 있을까. 통합학습을 통한 활동 중심 수업이 아이들에게 실감하는 배움을 줄 수 있음에 교사들은 합의하고 주제 중심의 통합교육과정과 현장체험학습을 진행하기로 했다. 학교를 다니는 6년 동안 모두 24차례의 통합학습을 하게 되는데 각각의 장소는 학년별 교육과정을 고려하여 겹치지 않게 선정했고 각 학년 교육과정에 맞는 활동을 하게끔 담임 협의를 통해 계획했다. 여기에 소요되는 적지 않은 예산은 모두 학교에서 지원하고 있다.

학습 대상을 만나기 위해서는 준비를 제대로 해야 한다. 준비를 한 아이들은 체험을 하면서 실감한다. 돌아오게 되면 자신이 만난 대상을 정리하면서 친구들과 자연스럽게 나누는 과정을 거친다. 서로의 관점으로 정리한 대상들을 통해 다양성을 존중하고 생각을 넓혀 나간다. 작품을 함께 읽고 그와 관련된 사건을 탐색하기도 하고, 일부를 연극으로 표현하기도 하며, 토론회를 열기도 한다. 작곡과 작사를 하기도 하며, 시를 쓰고, 그림을 그려 가면서 하나의 대상을 통해 다양하게 접근하면서 대상을 실감하는 것이 우리 학교의 통합학습 과정이다.

토요일에는 두 시간을 할애하여 학생들이 스스로 만들어 가는 교육 과정인 발전학습이 진행되고 있다. 개인별로 진행되기도 하고, 모둠으로 진행하기도 한다. 각자의 장기와 관심을 살려 진행하는 발전학습은 시간이 갈수록 주제의 질이 높아지고 있다. 주어진 것, 지시에 의한 것에만 길들여진 아이들이 처음에 발전학습을 시작할 때는 자기가 계획한 것이 불만족스럽고 준비가 부족하다는 이유로 몇 시간 활동하고 나서 포기하고 또 다른 주제를 찾아가는 경우가 많았다. 어떻게 시작할지 몰라 우왕좌왕하던 아이들이 점차 자기만의 학습 계획을 짜고 실천을 해 나가면서 가장 열심히 참여하고 손꼽아 기다리는 시간으로 바뀌었다. '조현초 동물도감'을 만드는 아이, '우리 반 캐릭터'를 창조하는 아이, 실물을 바탕으로 '종이접기 책'을 만드는 아이, 만들기를 하는 아이, 동물과 친구의 비슷한 점을 찾는 아이 등 자신의 독특한 주제를 연구해 가는 아이들의 모습은 즐거우면서도 진지하다. 발전학습의 성과는 학년말이 되면 문집으로 제작하여 도서관에 비치한다. 자신의 흔적을 남기는 의미인 동시에 후배들에게 참고 자료로 활용하도록 하는 것이다.

삶 속에서 배움을 찾다

문화예술교육, 생태학습, 창조학습

미래 세대에게 필요한 능력으로 다빈치형 사람이 이야기되고 있다. 통합적인 사고를 할 수 있는 사람, 창조력을 갖춘 사람, 유연한 사고를 할 수 있는 사람이 필요하다는 이야기이다. 바로 문화예술교육이 아이들에게 필요한 이유이기도 하다. 현행 교과에도 예체능 과목은 존재하지만 아이들에게 감동을 주기는 쉽지 않다. 교사들도 교사양성체제에서부터 분과 학문적으로 공부를 한 탓에 통합적인 접근을 하는 게 어렵다. 이러한 현실을 인정하여 관련 교과를 재구성하고 연극, 음악, 미술, 무용을 12차시를 할애하여 전문 강사와 함께 진행하기로 했다.

아이들은 처음에는 신체 표현에 자신감이 없어 소극적인 자세였으나 각자가 할 역할이 많아지고 조금 못하더라도 서로 격려하는 분위기가 생기자 적극적으로 자신을 표현하게 되었다. 또 개인의 잠재된 능력에 상상력을 자극하여 신체 표현을 하게 하니 아이들의 표정이 한층 밝아지고 협동심도 기르게 되었다. 자신의 감정과 생각을 솔직하게 표현하면서 삶에 대한 긍정적인 태도도 생겼다. 주변에서 들려오는 소리, 풍경, 사람들의 생활을 연극 놀이로 표현함으로써 주변에 대한 관심이 커지는 것도 느낄 수 있었다. 학교를 창조적 놀이 공간으로 활용함으로써 학교를 친근하게 여기게 되었고 아이들의 놀이 문화도 개선되었다. 무엇보다도 친구들과 함께 같은 주제를 표현하고 격려받음으로써 자신감이 커지는 것을 볼 수 있었다. 교사들은 강사와 함께 지도하기도 하고 더러는 아이들과 함께 배우기도 한다.

2008년에는 학년별로 4시간씩 3회에 걸쳐 학교와 마을 주변 환경을 이용하여 생태학습을 진행했다. 하지만 기후 변화와 학사 일정 등의 문제로 원만하게 진행하기 어려웠다. 2009년은 가까이에 있는 산음자연휴양림 임도에서 진행했는데 전체 8km의 임도를 몇 개 구간으로 나누고 각 구간별로 탐구해야 할 과제들을 만들었다. 1학년부터 6학년까지 혼합된 14개 모둠에서 모둠원이 함께 조사하고 중요 임무를 해결하는 활동을 펼쳤다. 선배가 후배를 챙겨 주면서 함께 과제를 해결하는 모습

*

'마법은 예술이다'를 외치면 아이들이 무대예술 속으로 푹 빠져드는 문화예술학습 시간이다. 교사들은 이 시간에 아이들의 내면에 숨겨져 있는 끼를 발견하고 아이들의 감수성에 놀라기도 한다. ◑ 2학년 아이들이 자기가 만든 악기를 가지고 합주를 하고 있다. ◑ 운동장에서 직접 무대 배경을 그리고 있는 아이들. ◑ 1학년들이 무용 수업 시간에 손과 발만을 이용해 다양한 모습을 연출하고 있다. ◑◑ 직접 제작한 무대 의상을 입고 한자리에 모인 아이들

© 우리교육·최승훈

은 보는 이의 마음을 따뜻하게 만들었다. 교사들은 이 생태탐사활동을 하기 위해 수차례 사전답사를 했다. 활동이 끝난 후 이야기를 들어 보니 언니들과 함께 이야기를 나누면서 많은 도움을 받아서 친해졌다는 1학년 아이도 있었고, 여럿이 함께 하다 보니 불편한 점이 많았다는 아이들도 있었다. 학부모 생태학습 지원교사는 아이들이 서로 챙겨 주고 아껴

＊
자연환경을 최대한 활용하는 생태학습은 우리 학교의 장점을 살린 교
육활동이다. 아이들은 평소에 살펴보지 못한 주변의 것들을 호기심을
가지고 관찰한다. 교사들은 안전 문제만 살피고 나머지는 1학년부터 6
학년까지 섞여 있는 모둠에서 스스로 결정하고 행동한다.

주는 모습이 보기 좋았다고 소감을 밝혔다. 올해는 학교 옆 논을 임대하
여 농사체험을 하고 습지생태계에 대한 공부를 해 나갈 계획이다. 쌀 한
톨의 소중함과 습지의 생명력을 느끼는 기회가 되었으면 좋겠다.

　생태와 문화예술이 만나는 것, 우리 학교의 장점을 살려 무한한 창
조의 세계로 아이들을 이끄는 것은 정말 매력적인 일이다. 생태와 문

＊
쉽게 접할 수 있는 자연환경을 이용하는 창조학습에서 아이들은 자연
과 교감하고 자신을 돌아보는 기회를 가진다. ○○○ 4학년 아이들이
들길을 걷고 있다. ○○ 3학년 아이들이 논둑길에서 식물 자세히 보고
그리기를 하고 있다. ○ 청진기를 이용하여 나무에 물오르는 소리를
듣고 있다.

화예술교육이 통합되어 시너지 효과를 낼 수 있는 방법을 고민하면서 창조학습이라는 이름으로 생태문화예술교육을 기획했다. 조현교육과 정의 지향점인 통합, 다양성, 수월성, 창조성, 문화예술적 소양이 하나의 프로그램 안에서 어울리는 과정이다. 생물의 눈으로 세상을 보고, 생물의 귀로 세상을 들으며, 생물이 살아가는 모습을 보고 배운다. 이렇게 알게 된 생태계의 모습을 그림으로, 만들기로, 이야기로, 생태계에 기여하는 활동으로 마무리한다. 하천생태계를 공부하고 난 6학년 아이는 학교 앞 개울을 그리면서 물고기와 수서곤충, 물풀을 함께 그린다. 생태계를 통해 관계를 배운 5학년 아이는 자기 스스로를 알게 되었다는 이야기를 한다. 청진기를 들고 버드나무의 수액 소리를 들은 4학년 아이는 버드나무가 숨을 쉬는 것 같다고 한다.

학생자치의 꿈을 꾸다

어울마당, 동아리

학생회를 중심으로 행사를 기획하고 운영하면서 공동체성을 키워 가는 것이 어울마당이다. 그 과정에서 많은 문제점들이 생기겠지만 이러한 문제점을 극복하는 과정 또한 아이들에게는 커다란 배움이 될 것이라는 합의 아래 진행하고 있다. 아이들은 회의를 통해 '실내 질서' '아이들의 위험한 장난' '시설 사용 문제' 등을 논의하고 규칙을 세웠다. 좀 미흡해 보이더라도 교사들은 학생회를 지원했다. 학생회는 여러 행사들을 조직하고 진행했다. '신입생 예쁘게 꾸며 패션쇼 하기' '장막 토크-나도 할 말 있어요' '벼룩시장' '숨은 장기 자랑' '모둠 대항 도전 골든벨' '생일잔치' '노래 및 율동 배우기' '조현기네스북 도전' '협동 작품 만들기' '작은 음악회' '학교 주변 청소하기' '모둠별 피구 대회' ……. 학생들의 참여로 진행된 행사에 대한 만족도는 대단히 높다. 작은 학교의 장점을 최대한 살린 활동으로 소통과 협력을 배우는 기회가 되었고 아이들이 학교행사의 주체가 될 수 있었다. 비록 학생회 임원들이 스스로 준비하는 데 어려움이 있었고 진행 과정이 매끄럽지 못한 경우도 있었지만 시간이 갈수록 학생회 문화는 빠르게 자리를 잡아 가고 있다. 학생회 임원들이 적극적으로 이끌어 가고 전교생이 재미있게 참여하는 모습 속에서 우리 학교 아이들이 의욕적으로 변하는 모습을 엿볼 수 있는 시간이기도 하다.

＊
계절 운동으로 여름에는 수영을, 겨울에는 썰매와 스키를 배우는데 아이들이 가장 손꼽아 기다리는 활동이다. 눈썰매장에 온 2학년 아이들.

학교를 바꾸다 – 교장공모제 학교 2년의 기록

*
조현초 어린이회 선거 풍경.

    4월이 시작되면 4, 5, 6학년 아이들이 삼삼오오 함께 다니며 동아리 지도교사를 구한다. 문화예술 관련 동아리는 외부 강사를 초청하여 운영하고 있으나 나머지 동아리는 교사들이 지도교사가 된다. 동아리 모집 공고가 게시판에 붙으면 이런저런 흥밋거리를 중심으로 아이들은 바쁘게 움직인다. 한번 조직되면 일 년을 함께하기에 제법 신중한 모습을 보이기도 한다. 정규 교육과정 시간을 통해 운영되기 때문에 안정적으로 활동하고 있다. 동아리 활동은 아이들이 주도적으로 기획하고 지도교사는 보조하는 역할만 한다.

아이들의 배움에 초점을 두는 교육

조현초 교사들은 수업을 아이들의 배움에 초점을 둔다. 수업을 설계할 때 가장 우선하는 것은 '과연 배움이 일어날 수 있겠는지' '배움이 삶에 어떻게 기여할 것인지' '배움이 공동체성에 기여할 수 있는지' 등이다. 조현꿈자람교육과정을 지배하고 있는 '학생 중심'이라는 말은 학생의 입장에서 내용과 방법을 결정하고 그들의 의견과 선택권을 최대한 보장한다는 것이다. 이런 의미에서 조현교육과정 9형태는 모든 아이들이 자신의 잠재 능력을 최대한 발휘하고, 아름다움 감성, 더불어 사는 삶을 익히는 전인교육을 지향하는 우리 학교 교육 방향의 핵심 요소이다.

처음에 교사들 사이에서 조현교육과정 9형태를 이해하고 합의하는 게 결코 쉽지 않았다. 합의가 되었던 문제들도 각 학년에 맞게 준비하고 준비한 것을 다시 협의하는 과정 속에서 많은 어려움이 있었다. 하지만 어느 순간부터 교육과정 9형태에 따라 수업 준비를 하느라 늦은 밤까지 일을 하면서도 학교가 변할 수 있다는 희망과 그 변화의 주체가 된다는 생각에 힘든 줄 몰랐다. 조현꿈자람교육과정은 2008년에 처음 적용을 하여 많은 시행착오를 거쳤고 2009년에는 좀 더 안정적으로 운영되었다. 2010년에는 '조현 수업 만들기'를 진행하여 공동체성을 한층 높여 나갈 계획이다. 그 과정에서 아이들이 변화하는 모습을 지켜보면서 교사들 역시 감동과 자부심을 느낄 것이다.

9형태로 구성된 조현교육과정은 교사들에게 부단한 교재 연구를 요구합니다. 수업 이외에 일상적으로 교재를 연구하는 게 제일 중요한 일로 자리 잡았습니다.

학교를 바꾸다 – 교장공모제 학교 2년의 기록

왜 가르치는지, 무엇을 가르칠 것인지, 어떻게 가르칠 것인지를 고민하는 일은 피곤한 일이 아니라 오히려 교사로서 스스로 성장하고 있다는 희열을 줍니다. 더군다나 조현초는 특별한 일이 없는 한 같은 학년을 계속 담임하기 때문에 수업 준비를 하는 만큼 내년에 대한 투자가 되는 셈입니다. 홀로 가는 외로운 길이 아니라 함께하는 동료 교사들이 있고 무엇보다 교육과정을 최우선으로 하며 격려해 주는 관리자가 있으니 즐겁지 않을 수가 없죠. **최영식 교사**

스스로 찾아 하는 교사

2009년 12월 어느 날 교무회의에 승진 점수가 주어지는 시범학교를 신청할 것인가 말 것인가 여부를 묻는 안건이 올라왔다. 조현초는 교육과학기술부의 농산어촌전원학교, 경기도교육청의 혁신학교로 지정되어 있었기 때문에 시범학교를 하고자 한다면 가능성은 충분했다. 하지만 교사들은 시범학교를 신청하지 말자는 데 만장일치로 찬성했다. 시범학교가 되면 승진 점수를 받을 수 있지만 보고회며 보고서 작성 등에 매달려야 한다. 정상적인 교육활동을 하는 데 많은 어려움이 따를 수밖에 없다. 이 일은 우리 학교 교사들의 교육관을 보여 준 대표적인 사례이다. 조현초에 모인 교사들이 모두 같은 생각을 가지고 만난 것은 아니지만 밤늦게까지 이어진 수많은 연수와 회의 그리고 대화를 통해 함께 고민하고 연구하면서 공통된 목표를 가지고 노력해 온 결과였을 것이다.

우리 학교 교사들 중 이중현 교장이 공모제 교장으로 처음 왔을 때부터 근무한 교사는 전체 10명의 교사들 중 2명뿐이다. 초빙 또는 희망에 의해 발령을 받아 온 교사는 4명, 휴직을 하고 있다가 근무연한 때문에 할 수 없이 우리 학교로 다시 발령을 받게 된 교사가 2명이다. 학급이 늘어나는 바람에 학기 중에 발령을 받은 신규 교사가 2명 더 있다. 이들 중에는 이중현 교장과 스쿨디자인21이라는 모임에서 함께 활동하며 학교개혁을 준비해 온 교사도 있고, 조현초의 교육활동에 대한 이해 없이 발령을 받아 온 교사도 있었다. 조현초에 오게 된 배경과는 관계없이 교사들에게는 공통된 고민이 있다. 어떻게 하면 감동을 주는 교육활동을 통해 아이들 삶에 진정한 변화를 가져올 수 있을까 하는 것이다. 교장이 아무리 의미가 있는 교육활동을 하고 싶다고 해도 교사들이 따라와 주지 않으면 그 학교의 교육은 성공할 수 없다. 조현초는 교장과 교사들의 지향이 같으니 더할 나위 없이 좋은 환경이다. 이런 환경은 관리자의 강요로 만들어질 수 있는 것도 아니고 승진을 위한 점수로도 이루어질 수 없는 것이다. 교사들의 자발적인 참여로만 가능하다.

아이들은 단순히 교과서만을 배우기 위해 학교에 오지 않는다. 다양한 교육활동이 펼쳐지는 초등학교에서 담임교사의 역할은 매우 중요하다. 한 아이의 성격이나 생활 습관을 결정짓는다 해도 틀린 이야기는 아닐 것이다. 하지만 담임교사가 자기의 역할을 할 수 없게 만드는 여러 가지 어려움이 있다. 도시 학교에서 근무하는 교사들 중에는 많은 학생 수와 과중한 업무량 때문에 학급운영과 교육활동을 제대로 펼칠 수 없어서 시골 작은 학교를 동경하는 이들이 많다. 하지만 작은 학교에는 또 다른 어려움이 있다. 교사 수가 적은 만큼 상대적으로 담당

해야 할 행정 업무가 많은 것이다. 조현초에서는 교사들의 행정 업무
를 줄이고 교육활동에 전념할 수 있도록 여러 가지 지원을 하고 있다.
교무보조와 교장, 교감이 공문의 상당 부분을 처리하고 있고 행정실
직원들도 다양한 방법으로 교사들의 학습활동을 지원하고 있다. 교실
을 제외한 실내외 청소, 학습자료 준비, 수업 준비, 등하교 지도, 상담
및 생활지도 등에 직간접적으로 도움을 주고 있으며 무엇보다 교사들
의 교육활동을 전폭적으로 지지하며 어떻게 하면 교육활동에 도움을
줄 수 있을까 먼저 찾아 챙겨 주고 있다.

　다른 학교 교사들은 2월 중순까지도 올해에 어떤 학년을 담당하고
어떤 업무를 맡게 되는지 모르는 경우가 허다하다. 하지만 조현초는

자기가 맡고 있는 학년과 업무를 다음 해에도 이어서 하게 된다. 학년 전담제를 운영하고 있기 때문이다. 그래서 올해 업무나 학급운영, 교과지도를 하면서 내년을 준비할 수 있다. 학년전담제는 해당 학년 교육과정을 연구하고 학생들을 파악하는 데 드는 시간을 줄일 수 있다. 학년 교과 연구를 깊이 있게 하고 학습자료를 축적해서 쓸 수 있어 교사의 전문성을 향상시키고 학년 초 업무를 경감시켜서 교사와 아이들이 빨리 가까워질 수 있다. 한 교사가 4년 동안 같은 학년 교육과정을 계속 운영하게 되니 교육과정에 대한 전문성이 높아지고 같은 학년의 아동 발달 단계에 대한 이해도 키워진다. 다음 해에 맡을 아이들을 미리 파악할 수 있어서 학생 지도에도 많은 도움이 된다. 학년전담제에 대한 교사들의 호응도는 매우 높다. 학생들이나 학부모들도 다음 해에 누가 담임교사가 되는지 미리 알 수 있기 때문에 좋은 반응을 얻고 있다.

조현초는 학교 행정 업무를 처리할 때 자기가 맡은 업무는 책임감을 가지고 처리하는 풍토가 만들어져 있다. 관리자들은 담당 교사들에게 대부분 권한을 위임한다. 사업을 하기 전에 교사들끼리 충분히 논의하기 때문에 업무 담당자는 논의된 결과를 그대로 추진하기만 하면 된다. 교무회의나 담임협의 시간은 단순히 전달 사항만 이야기하거나 관리자들의 일방적인 지시만을 전달하는 시간이 아니다. 업무 담당자의 사전 기획에 따라 함께 고민하고 효율적인 방법을 찾아 나가면서 어떻게 하면 교육적인 활동이 될 수 있을 것인가 논의하는 자리가 되었다. 의견 충돌이 있으면 서로의 공감대를 형성할 수 있을 때까지 충분히

학교를 바꾸다 – 교장공모제 학교 2년의 기록

생각을 나누고 일단 결정이 되면 모두가 한마음으로 참여한다. 예산 편성 과정에서 이미 논의가 된 것은 집행 과정에서 담당자 전결로 일을 처리하기 때문에 처리 시간이 짧아 업무 경감에도 큰 도움이 되고 있다. 물론 그만큼 담당자는 자기에게 주어진 업무를 책임감 있게 처리해야 한다. 이런 점들 때문에 교사들이 단순히 관리자의 지시에 따라 움직이는 존재가 아니라 학교운영 전반에 걸쳐 적극적으로 자기 의견을 내놓고 참여하는 모습을 보이고 있다. 모든 교사가 교장의 마음을 가지고 학교 일에 참여한다.

조현초에서 근무하다가 다른 학교로 전근을 간 이규황 교사는 이렇게 이야기한다.

새로운 학교에 적응하면서 조현초에서 했던 많은 작업들이 정말 의미 있는 일이었으며 아이들에게도 분명 좋은 경험이었을 거라는 확신을 갖게 되었습니다. 조현에 있는 동안 다양한 형태의 교육과정을 운영하는 것을 당연하게 여겼는데 일반 학교에서는 그저 그림의 떡일 뿐임을 절감하게 된 것입니다. 교육에 대한 고민을 나눌 동료 교사들이 늘 곁에 있었다는 것도 지금 생각해 보면 큰 행복이었습니다. 조현초 교사들은 승진 이야기가 아니라 가르치는 일에 대한 이야기, 아이들에 대한 이야기를 나누었습니다. 지향점이 같은 사람들과 함께 일하고 고민하며 발전해 나갈 수 있다는 건 정말 커다란 축복이 아닐까요? 그렇게 조현 아이들은 담임교사뿐 아니라 모든 교사들의 관심을 받으며 성장할 수 있었고 조현에서 이루어지는 변화의 과정은 하나의 아름다운 공동체를 형성해 나가는 과정이라고 생각됩니다. **이규황 교사**

이런 학교 분위기 때문인지 해마다 12월이면 우리 학교 교육활동에 관심이 많은 양평 관내 학교의 교사들뿐만 아니라 도내 다른 지역의 교사들로부터 '빈자리'에 대한 문의를 많이 받는다.

학교, 학부모와 함께 가다

요즘은 시골도 도시와 마찬가지로 담임교사가 학생의 집안 형편을 제대로 파악하기가 쉽지 않다. 외지에서 이사를 온 아이의 집안 사정은 더더군다나 알기가 어렵다. 시골 마을이라 집이 띄엄띄엄 있어서 더 소통이 안 되는 경우도 많다. 3월 초에 가정환경조사를 하지만 자세한 가정 형편을 알기는 어렵다. 아이들과 상담도 꾸준히 하지만 솔직하게 말하지 않으면 알 수 없는 부분도 많다.

2007년 12월, 한 아이의 집안 사정이 지역 주민을 통해 학교로 전해 졌다. 여러 가지 복잡한 사정 때문에 경제적인 어려움을 겪고 있었고 전기가 끊겨 추운 날씨에도 난방을 하지 못하고 있다는 이야기였다. 어떻게 아이의 사정을 이렇게 까맣게 몰랐을까. 학교 구성원들 모두 충격에 빠졌다. 아이가 혹시 상처받을까 싶어 교사와 학부모들은 조용 히 성금을 모금하여 집안에 얽힌 경제적인 문제를 해결하고 아이들이 따뜻하게 지낼 수 있도록 도왔다.

이 일은 가정방문의 필요성을 절감하게 된 계기가 되었다. 바쁜 학기 초에 가정방문을 하려면 큰 부담이 되겠지만 아이의 가정환경을 파악하고 학부모와 상담을 통해 아이의 학습이나 생활을 이해하고 돕는데 큰 도움이 될 수 있을 것으로 판단했다. 3월 하순 가정방문 안내문

을 보내 부모님이 원하는 날짜와 시간에 방문 희망을 받아 가정방문을
실시했다. 학부모가 일 때문에 늦게 퇴근하는 가정에는 밤늦은 시간이
나 주말에 방문을 하기도 했다. 가정방문을 시작하면서 학부모와 교사
와의 관계가 아이를 사이에 두고 함께 고민하고 걱정하는 동반자로 발
전하고 있는 듯하다. 학부모는 가정 지도에 더 관심을 갖게 되는 계기
가 되었고, 학생들은 자신에 대한 부모님과 담임교사의 관심을 확인하
고 학교생활에 자신감을 가지게 되었다. 교사들은 학부모가 어떤 자녀
교육관을 가지고 있는지 알고 아이들을 좀 더 자세히 파악해서 학교생
활을 도울 수 있는 기회가 되었다.

조현초의 학부모들은 아이들의 교육 문제를 학교에 거의 전적으로 맡
기고 있기 때문에 학교에서 일어나는 일들에 대해 자세히 그리고 자주
학부모들에게 알릴 필요가 있다. 담임교사들은 수시로 학부모와 전화
통화를 하고 학교에 일이 있을 때마다 휴대폰 문자나 가정통신문을 통
해 가정으로 알려주고 있다. 집을 떠나 2박 3일 일정의 수련회를 진행하
고 있을 때도 담당 교사가 수시로 학부모들에게 아이들의 활동 상황이
나 건강 상태를 휴대폰 문자를 통해 전해 주어 좋은 반응을 얻기도 했다.

통지표 방식도 새로 만들어 학부모와의 소통을 돕게 했다. 외국의
다양한 사례를 바탕으로 자체 개발한 통지표를 활용하여 아이들의 학
습, 생활, 특기적성활동 등 학교 전반에 걸친 내용을 담아 가정으로 보
내 학부모와 자녀 사이에 다양한 대화가 이루어지도록 했다. 학교교육
의 한 축이 되고 있는 특기적성 프로그램의 내용과 학생의 '자기평가'
도 통지표에 반영했다. 학부모는 학교생활에 대한 다양한 내용을 보면

야간에 이루어지는 학부모 교사 대화 시간.

서 자녀와 대화할 이야깃거리가 생겼고, 학생들이 자기평가한 내용을
통해서 학습이나 생활 면에서 자녀가 무엇을 좋아하고 관심을 갖는지
를 알 수 있게 되었다. 일반 학교에서 연 2회 가정 통지하던 것에서 통
지 횟수를 늘이고 학생들의 다양한 학교생활을 담는 방식으로 통지표
로 바꾼 것은 담임교사에게는 업무 부담으로 다가왔다. 그래서 2008
학년도에는 연 4회 했던 것을 2009년 3회로 줄여 조금이나마 부담을
덜게 했다.

평가 항목이 너무 많고 그것을 연 4회 한다는 것은 교사에게 또 다른 일이 되어
버렸다. 사전에 평가에 대한 기본 준비를 다 하고 통지표를 정리하는데도 시간
이 너무 오래 걸렸다. 그 시간이면 다음 날 있을 수업 준비에 좀 더 시간을 쏟을

수 있을 텐데. 학생들의 생활을 가정으로 자주 통지하는 것은 백번 옳은 일이나 우리 학교의 교사 업무량을 볼 때 그것은 또 다른 면에서 학생들에게 피해가 가는 일이 될 수도 있을 것이다. **2008년 교사 평가회에서**

학교에서는 아이들의 자존감을 높이고 자기의 꿈을 키워 나가는 데 도움이 되고자 다양한 직업을 가진 사람들을 초청하여 함께하는 자리를 만들고 있다. 상담 치료사를 모셔 와 상담 활동도 하고 영화배우나 감독, 곤충학자, 동화작가, 생태교육 전문가 등의 강연도 있다. 또 인형극단, 오케스트라 공연단, 전통음악 공연단을 초대해 아이들에게 다양한 경험을 할 수 있는 기회를 제공하고 이런 기회가 있을 때마다 학부모들도 함께 할 수 있도록 하고 있다. 작가와의 만남은 1년에 6차례

*
작가와의 만남은 1년에 6번 정도 하는데 독서의 즐거움을 주는 행사로 자리 잡아 가고 있다. 다양한 장르의 작가를 초빙해서 아이들이 책을 고를 때 선택의 폭을 넓히는 계기가 되었다. 《곤충선설》의 이상대 선생님을 모시고 작품에 대한 궁금증을 해결하고 있다.

정도 하는데 이 시간에는 특히 아이들에게 생기가 넘친다. 미리 책을 읽으면서 궁금했던 점을 직접 작품을 쓴 작가에서 물어볼 수도 있고 자기가 읽은 책의 작가를 만난다는 사실에 아이들은 너무 행복해한다.

수업이 끝난 후 우리 학교에는 또 하나의 학교가 열린다. 맞벌이 가정이나 조부모 가정 등 어려운 형편으로 사교육을 받기 어려운 아이들을 대상으로 하는 '꿈나무 안심학교'와 학부모들을 대상으로 하는 '야간 학부모 아카데미'가 바로 그것이다.

꿈나무 안심학교는 학교가 끝나고 집에 가면 공부를 도와줄 사람도, 함께 놀아 줄 이도 없는 아이들을 위해 방과 후부터 밤 9시까지 탄력적으로 운영하고 있다. 특별한 경우가 아니면 모두 무상으로 진행

학교를 바꾸다 – 교장공모제 학교 2년의 기록

한다. 프로그램은 주로 정서 안정, 건강 및 체험, 특기 신장 교육을 중심으로 하고 있다. 아이들 눈높이에 맞춘 다양하고 체계적인 프로그램을 제공하면서 아이들의 보육까지 책임지는 일석이조의 효과를 얻고 있어서 참여 학생들과 학부모들의 만족도가 매우 높게 나타나고 있다. 아이들을 지도하는 강사들은 전문 보육교사를 포함하여 요가, 바둑, 영어, 무용, 한자 등 프로그램에 맞게 지역 인사를 초빙하여 운영하고 있다. 학부모들이 안정적인 외부 활동을 할 수 있게 지원해 주어서 도농격차 및 소득격차 해소에 크게 기여할 것으로도 기대하고 있다.

학부모 아카데미는 부모와 자녀 사이에 많은 대화를 유도하기 위해

*
학교가 또 하나의 집이 된다. 방과 후에 열리는 꿈나무 안심학교는 맞벌이 가정이나 보육 지원이 필요한 아이들을 위해 밤늦게까지 다채로운 프로그램으로 진행된다. 학습지도, 예체능 특기적성, 상담, 부모 교육과 지역사회 연계 프로그램까지 다양하다. 꿈나무 안심학교에서 연극 놀이를 하는 아이들.

대화거리를 학부모에게 제공하고, 대화 내용과 방법이 효과적으로 이루어질 수 있도록 준비한 자녀교육 강좌이다. 설문조사를 통해 학부모들이 우선 요구하는 강좌를 중심으로 진행하고 있다. 처음에 학부모 아카데미가 낮 시간에 열려서 직장 생활을 하는 학부모들은 많이 참여하지 못했다. 관심은 있으나 낮 시간에 열리는 강좌에 참석하지 못하는 분이나 아버지들을 위해서 저녁 모임으로 시간을 바꾸어 진행하면서 참석률도 높아졌다.

2008년에는 학부모 동호회(볼링, 테니스, 등산, 영화)와 중국어 교실, 생활 목공 교실을 운영했다. 각종 동호회의 지원 업무를 교사가 맡다 보니 학습지도에 지장이 있다는 문제 제기가 있어서 2009년에는 동호회 운영을 하지 않고 생활 목공 교실과 한국화 교실, 에어로빅 교실만 운영했고 2010년에는 학부모회를 중심으로 학부모 동호회를 조직하여 활동하고자 준비하고 있다.

강좌는 농촌 사회에서 쉽게 접할 수 없는 과목을 선정해서 개설했기 때문에 학부모의 참여가 높았고 지속적인 활동이 가능했다. 이 활동을 통하여 학교와 학부모가 대화할 기회가 많아져 서로 친밀해지고 학교 활동에 대한 이해를 높이는 계기가 되었다. 오전에 중국어 교실, 오후에 생활 목공 교실에 참여하며 하루 종일 학교에서 보내는 한 학부모는 작품을 하나하나 만들 때 그 뿌듯함은 이루 말할 수 없다며 늘 수업이 있는 날만 기다려진다고 했다. 활동 내용은 학교 축제 때 작품을 전시하거나 중국어 발표 시간을 가져 다른 학부모들에게도 선보였다. 반응도 참 좋아서 생활 목공 교실 같은 경우는 서로 들어오겠다고 순서

*
어린이날을 즈음하여 가족 등반을 한다. 2학년 아이들이 아버지들과
함께 용문산에 올라 마당바위에서 기념사진을 찍고 있다.

를 기다리기도 했다. 학부모 프로그램을 통해서 학교, 학부모, 지역사
회가 배움의 공동체를 형성하고 있는 것이다.

교육활동을 가정과 함께 연계하여 진행하려는 학교의 노력에 학부
모들은 적극적인 활동으로 응답해 왔다. 그 대표적인 것이 학부모가
여는 '용기백배 가족캠프'와 학부모 학습지원교사이다. 4년 전, 한 학
년 학부모님들이 나서서 아이들을 위해 1박 2일의 가족캠프를 열었다.
자녀들을 이해하는 시간을 갖고 자녀들에게는 학교 친구들과의 추억
을 만들어 주기 위해 만든 것이 첫 출발이었다. 이 자리에는 학부모,
학생, 담임이 함께 참여했고 체험활동 프로그램은 학부모들이 직접 준
비하고 진행했다. 1박 2일의 행사를 통해 가족 사이에 친목도 다지고

아이들은 부모님의 적극적인 관심과 배려에 감사해했다. 이 캠프는 학부모, 학생 모두의 호응이 좋고 다른 학년의 학부모들도 하고 싶다는 의사를 보여 차츰 확대되고 있다.

학부모 학습지원교사는 학부모와 교사 간의 상호협력을 이끌어 내고 학교교육과 수업활동에 대한 이해를 돕기 위해 만들어졌다. 아이들의 정서와 문화를 이해하고 학교교육에 대한 이해의 폭을 높일 수 있었다. 음악수업 지원(뮤지컬, 만돌린 연수), 수준별 영어수업 지원, 미술수업 지원(비즈 공예, 솟대 만들기), 창의적 재량활동 지원(송편 만들기), 생태학습 모둠별 도우미, 아침 도서실 도우미, 방학 중 독서캠프 도우미, 학년별 동화 읽어 주기 등의 활동을 학부모가 함께 하고 있다. 학부모의 도우미 활동을 통해 학생들의 수업 태도가 좋아졌고 수업에 대한 만족도가 높아졌다. 학부모들은 학교 교육활동에 대한 이해가 높아지고 더불어 함께한다는 참여 의식도 생겼다.

이 밖에도 학교 축제 때 학년별로 학부모들이 공연을 한 적도 있다. 공연팀은 학부모들이 의논하여 자발적으로 구성하게 했다. 2008년 3개 학년 학부모가 공연팀을 구성했는데 밤늦은 시각까지 학교나 집에 모여 연습하기도 했다. 어머니회가 나서서 부모들의 적극적인 참여가 필요하다는 것을 설명하여 공연이나 전시에 학부모들이 주도적으로 참여했다. 공연 연습 과정에서 학부모들끼리 단합할 수 있는 계기도 되었다. 무엇보다도 아이들이 부모님의 공연을 보면서 가족의 소중함을 깨닫는 계기가 되었다. 2009년 신종플루 때문에 학생들만 참여하는 축제로 축소했는데 학생들이나 학부모 모두 안타까워했다.

* 조현축제는 한 명도 빠짐없이 모두가 함께하는 자리다. ❍❍❍ 학교축제가 있던 날 한복처럼 화사한 단풍잎 청소를 하겠다고 빗자루를 들고 나선 2학년 여자아이들. 사실은 빗자루를 타고 해리포터 흉내를 내고 있다. ❍❍ 2학년 아이들이 리코더로 에델바이스를 연주하고 있다. ❍ 6학년 아이들의 연극 장면.

창고 같은 도서실이 아이들 눈높이에 맞
춘 편하고 아늑한 도서관으로 탈바꿈했다.
도서관이 생기기까지 우여곡절도 많았지
만 이제는 아이들이 가장 많이 찾는 곳 중
하나가 되었다. '꿈나무도서관'이라는 이
름은 아이들에게 공모를 하여 결정했다.

얼마 전 다른 학교에서는 볼 수 없는 주제로 학부모 공개강좌가 열렸다. 전입한 학부모들이 잘 적응하도록 도움을 주기 위한 '전입 학부모 강좌'와 논농사에 처음 도전하는 학부모들을 위한 '영농 강좌'였다. 강의는 끝없이 이어지는 질문으로 시종일관 열띤 분위기였다.

전입 학부모 강좌는 자녀교육 때문에 도시에서 시골로 귀촌한 학부모들에게 시골 생활에 대한 궁금증을 해소하고 앞으로 겪게 될 다양한 어려움을 조금이나마 줄여 주기 위한 배려에서 준비되었다. 학부모회에서 떡과 간식을 준비하고 새로 전입해 온 학부모들을 진심으로 환영하는 분위기 속에서 진행되었다. 이 자리는 증가한 학생 수로 인해 발생하는 여러 가지 문제점을 함께 공유하고 전입 학부모와 기존 학부모들 사이에 생길 수 있는 갈등을 사전에 줄여 보자는 의도도 있었다.

영농 강좌는 학생들의 생태학습 프로그램이 진행되는 실습지 중 일부를 분양받아 처음으로 논농사를 짓는 학부모들을 위한 강좌다. 전입 학부모들이 좀 더 빨리 시골 생활에 적응할 수 있도록 안내하는 자리이다. 농사체험은 농사 경험이 전혀 없거나 아니면 조그만 텃밭에서 농사를 지어 본 경우가 전부인 학부모들에게 농사를 지으면서 새로운 이웃을 만들고 땀의 의미를 몸소 체험할 수 있도록 하고자 했다. 앞으로 1,000평의 논에 모두 열 가족이 공동 경작을 하고 공동 분배를 하면서 서로를 이해하고 보듬어 나가며 쌀 한 톨의 소중함을 느낄 수 있으리라는 기대도 가져 본다.

우리 학교에서는 일 년에 세 차례의 큰 운동회가 열린다. 마을 조기축구회에서 주최하여 펼치는 '9개리 마을 체육대회', 학교 동문회 주최의 '총동문 체육대회', 학교에서 주최하는 '가을 운동회'다. 이 세 운동회는 지역 주민들이 한 곳에 모여 잔치 마당을 펼치는 지역의 축제가 되고 있다. 지역 주민을 위한 다양한 프로그램이 펼쳐지고 지역 어르신들께 음식과 볼거리를 제공하며 지역과 학교가 하나가 되는 자리이다.

외지에서 이사를 와서 사는 사람들도 점점 많아지고 있지만 아직은 시골의 정이 남아 있고 그것이 모교 사랑으로 이어지고 있다. 학교에서 일어나는 일들에 대한 관심도 높고 후배들에 대한 사랑도 크다. 졸업식이 있을 때면 동문회, 이장단협의회, 조기축구회, 마을 노인정, 부녀회 등에서 한 푼 두 푼 모아 졸업생 전원에게 장학금을 전달하고 있다. 지난겨울 폭설이 왔을 때는 마을 주민이 농기구를 이용해 학교 주변의 눈을 말끔히 치워 주었고, 동문회에서는 6학년 학생들의 중국 교류 활동에 예산 지원을 해 주기도 했다.

조현초는 교육과학기술부 지정 농산어촌전원학교로 농촌 작은 학교의 새로운 모델을 만들기 위한 노력을 해 왔다. 그중 하나로 학부모 평생교육의 새로운 운영 방안을 찾던 중 '배움의 기회를 주는 평생교육'에서 '생산하는 평생교육'으로 사업의 방향을 전환했다. 전원학교 지원 예산을 활용하여 학부모 일자리 창출을 위한 자격증 취득을 지원하고 관련 프로그램을 운영했다. 지역 특성에 맞는 문화예술체험학습장을 만드는 것도 올해 야심차게 준비하고 있다. 학교 인근에 있는 용문산 관광단지는 산행이나 행락 관광, 학생들의 현장학습 등으로 연간 관광객 70여 만 명이 찾아오는 곳이지만 용문사의 은행나무와 주변 자연환경에만 의존하고 있는 실정이다. 학부모 일자리를 창출하고 마을의 소득도 높이면서 지역사회가 지속적으로 발전하기 위해서는 문화 소비형의 새롭고 차별화된 관광 전략이 필요했다. 양평군과 용문사의 지원을 받아 학교와 마을이 협력하고 용문산 관광단지와 마을의 자원을 활용하여 문화예술체험학습장을 만들고 유료로 운영하는 방안을 추진하고 있다. 학부모와 지역 주민들이 가지고 있는 특기와 전문성을 살려 은행 알 공예, 솟대 만들기 등의 생태체험과 벌꿀 체험을 비롯한 다양한 농사체험활동 프로그램을 계획하고 있다. 또 마당극, 인형극, 자연환경을 이용한 UCC 제작 등 참여자들의 흥미와 관심을 끌어들이는 활동을 펼칠 계획이다. 마을의 특산물인 산나물이나 잡곡 등도 팔아 그 수익이 생기면 마을과 학부모가 배분할 예정이다. 학교와 교사들이 지역경제 활성화와 마을 살리기에 적극 나서서 성공한다면 전국적으로 좋은 모델이 될 것이다.

앞으로 나아갈 길

우리 학교는 다른 학교에 없는 학교 헌장憲章이 있고 그 헌장에 따라 운영되는 자율학교다. 교장공모제로 부임한 이중현 교장의 대내외적인 약속이자 공약인 셈이다.

"아이들은 누구나 자주성이 있고 자신만의 장점을 지니고 있고, 아이들의 삶의 진정한 변화는 배움과 생활의 감동에서 온다. 감동을 주는 교

* 춥기로 유명한 양평에 위치한 우리 학교는 겨울이 길고 봄
은 짧기만 하다. 3월 중순 눈이 펑펑 내리던 날 운동장.

육은 아이들에 대한 신뢰와 열정으로 이루어진다"라는 이중현 교장의
교육관을 바탕으로 개인의 잠재 능력을 최대한 살리기 위한 조현교육과
정을 만들어 실천해 오고 있다. 한편으로 학교교육의 획일성을 극복하
기 위해 교육내용의 다양화를 시도하고 있고 도농격차를 해소하기 위한
교육복지에도 심혈을 기울이고 있다. 이를 실현하기 위해 교원의 자발
성으로 작은 학교의 새로운 운영 모델을 마련하고자 노력하고 있다.

　　다양한 교육활동 전반에 걸쳐 아이들의 참여도가 높아지고 활동력, 자율성, 자발성이 향상되고 있음을 교사들은 물론 학생들도 느끼고 있다. 디딤돌학습으로 기초학력이 향상되고 학습에 대한 자신감을 갖는 아이들의 모습을 어렵지 않게 볼 수 있다. 적극적이고 의욕적으로 변하는 아이들의 모습을 통해 장기적으로 학습에도 긍정적인 영향을 줄 것이라는 믿음도 갖게 된다.

조현초의 교육활동이 외부에 알려지면서 2010년 신입생 수가 예년에
비해 2배 이상 늘어났다. 2학년 아이들이 1학년 동생들을 환영하며
리코더 연주를 하고 있다.

교장공모제 이후 우리 학교의 가장 큰 변화는 아이들의 눈빛에서 감
지할 수 있다. 관광지인 학구에서 주말마다 외부에서 온 관광객과 비
교하며 자존감이 떨어져 있었던 과거에 비해 지금 아이들은 당당하고
자신감과 생동감이 넘친다. 예전에는 도시에서 누가 전학을 오면 그
아이를 중심으로 학급 문화가 달라졌지만 요즘은 전학생이 많아지는
학교를 자랑스럽게 여기며 전학 온 아이와 자연스럽게 어울리게 되었
다. 어느 방송국 기자가 와서 취재하던 중 6학년 아이한테 "너, 공부
잘하니?" 하고 지나가는 말로 물었더니 너무나 자신 있게 "공부 못해

요. 공부가 인생의 전부가 아니잖아요" 라고 답한다. 전에는 고학년 남자아이들이 운동장을 다 차지하며 축구를 했는데 요즘은 남녀나 학년 구별 없이 오징어놀이나 달팽이놀이를 하며 함께 노는 모습을 쉽게 볼 수 있다. 동생들을 골리고 괴롭히는 일이 종종 있었는데 지금은 고학년이 저학년을 괴롭히는 일이 거의 사라졌다.

지역과 학부모의 학교에 대한 신뢰가 높아지고 있다는 점도 교사들에게는 힘이 되고 있다. 학부모들의 학교교육 참여도 두드러지게 나타나고 있다. 평생교육 강좌, 상담 주간, 수업공개 주간 등을 통해 학부모들이 학교를 방문할 기회가 많아지고, 수업은 언제나 와서 참관할 수 있는 개방적인 분위기가 되어 가고 있다. 이런 학교 분위기 탓인지 학부모가 자발적으로 일일교사로 참여하는 일도 점점 늘어나고 있다.

아이들이 서로의 모습에서 배우고 나누며 스스로 배움의 길을 걸어갈 수 있도록 돕기 위한 교사의 노력은 어디까지인가? 조현교육과정이 심적, 물리적 부담이 되고 있는 것은 사실이다. 하지만 늘 연구하고 나누는 동료 교사들, 교육과정에 집중할 수 있게 배려하는 관리자, 교장·교감·교사가 직위에 따른 수직 관계가 아니라 수평적인 관계에서 서로 배려하고 존중해 주는 분위기는 학교생활에 활력을 불어넣었다. 자유롭게 협의하고 의견을 나눌 수 있는 분위기에서 교사들은 누군가의 지시가 아닌 자율적인 참여로 학교운영에 함께하고 있다.

우리 학교의 경쟁력은 우리 학교만의 교육과정과 그 운영에 있다. 운영의 핵심은 아이들의 의미 있는 성장에 있다. 이런 자신감은 사람들의 입에서 입으로 전해졌고 제 갈 길을 찾지 못하는 공교육의 현실에서 한 가닥 희망에 목말라 있는 많은 사람들에게 위로가 돼 주고 있다. 아이들을 전학시키려는 학부모들의 발길이 이어지고 있고, 전국의 많은 교사들이 방문해서 학교개혁에 대한 아이디어를 얻어 가기도 한다.

2007년 9월, 교장공모제를 시작했을 때 6학급에 99명이었는데, 2년 반이 지난 지금은 8학급에 168명으로 늘어났다. 한때 줄어드는 학생 수 때문에 폐교를 걱정하고 이렇게 하면 전학생들이 많이 올 수 있을까 고민했던 교사와 학부모들은 이제 몰려드는 전학생들 때문에 과밀학급과 공간 부족을 걱정하게 되었다.

자연에서 노는 것을 좋아하는 아이 때문에 도시에서 학부모들끼리 모임을 만들어 함께 생태교육을 해 왔는데 아무래도 부자연스러웠죠. 조현초는 정규 교육과정 속에서 학교 주변의 자연환경을 이용하여 자연스럽게 교육활동을 펼치는 것이 참 마음에 들었답니다. 또 선생님들이 같은 뜻을 가지고 함께 노력하는 모습도 보기에 좋았고요. 무엇보다 선생님들이 아이들한테만 '공부하라'고 하지 않고 늘 연수하며 새로운 실험을 하는 모습도 좋았습니다. **남윤미(2학년 박찬서 어머니)**

대안학교를 보내고 싶어도 거리도 멀고 학부모가 해야 할 역할도 많을 것 같아 고민했어요. 경제적으로도 부담이 된다고 하고요. 조현초는 대안학교처럼 변화가 큰 것은 아니지만, 공교육에서도 학교를 새롭게 운영할 수 있구나 하는 신선한 느낌을 받았습니다. 선생님들의 의지에 따라 학교가 이렇게 변할 수 있다는 것을 느꼈습니다. **이금영(5학년 박유빈 어머니)**

올해 우리 학교 교사들은 그동안 미뤄 왔던 '수업의 질적 향상'을 위해 고민하고 연구하고 있다. 지금까지 우리가 새로운 형태의 교육과정을 시도하고 적용하는 데 집중했다면 이제는 수업을 통해서 그 질을 높이기 위함이다. 교육과정을 탄탄하게 만들어 놓으면 새로운 교사들이 오더라도 적용하기 어렵지 않을 것이다. 다른 학교에서도 참고할수 있을 정도로 세심하고 질이 높은 교육과정을 완성할 수 있기를 희망해 보기도 한다.

다들 욕심이 많다. 성과에 집착해서라기보다 학교교육의 변화가 우리 힘으로 가능한가라는 질문에 대한 답을 얻고 싶고 우리 스스로 의미 있는 결과를 만들어 내고 싶기 때문이다. 그러나 '한 사람의 열 걸음보다 열 사람의 한 걸음'에 더 의미를 두려고 한다. 자발성 없이는 어떠한 것도 이룰 수 없다. 교사 한 명 한 명이 가지고 있는 열정과 헌신이 조현초를 바꾸어 나갈 가장 큰 동력이다.

유태인의 격언 중에 '속에 넣는 물건보다도 더 비싼 상자를 만들지 말라'라는 것이 있다. 우리 학교 교육내용이나 질보다 형식이 더 비싼 것이라면 어떻게 해야 할까? 조현초의 교육과정이 겉만 번지르르한 게 아니라 '한 아이의 의미 있는 성장'이 목표가 되도록 한 걸음 한 걸음을 신중하게 내디뎌 갈 것이다.

학교, 돌봄의 철학을 실천하다

덕양중학교 이야기
김성천

덕양중은
왜 공모제를 선택했는가

수색역에서 일산 가는 버스를 타고 항공대학교 근처에서 내려서 10분 정도 좁은 길을 걷다 보면 덕양중학교가 보인다. 학교가 외진 곳에 위치해 있어 처음 오는 사람은 길을 헤매게 된다. 심지어 내비게이션에도 잘 잡히지 않아서 학교를 찾는 데 대부분의 사람들이 한참 애를 먹는다. 학교 주변 지역은 개발제한구역이어서 그 흔한 아파트 한 채 보이지 않는다. 1960~1970년대를 다루는 드라마나 영화가 있다면 이곳이 촬영지로서 적격이라는 생각이 들었다. 정비되지 않은 도로, 낡은 기와집과 슬레이트 집, 그리고 듬성듬성 밭이 보인다. 대도시에서 소외된 사람들이 밀리고 밀려 이곳에서 정착하여 사는 곳이라는 느낌이 들었다. 이런 지역 분위기라면 덕양중의 상황이 어떠한지는 대충 짐작이 가고 남을 것이다.

덕양중은 서울과 일산의 경계에 입지해 있지만 농촌의 소규모 학교의 특성을 지니고 있다. 전교생은 140여 명 정도로, 각 학년에 2개 학급씩, 총 6학급 규모의 작은 학교이다. 교사는 교장, 교감을 제외하고 11명에 불과하다. 일산에 이런 학교가 있을까 싶을 정도로 시골 분위기가 물씬 난다. 학교 건물은 전반적으로 노후되고 낡았지만 시골 학교처럼 작고 아담한 분위기가 풍기기도 한다.

본래 덕양중은 1969년에 개교한, 나름대로 전통과 역사가 있는 학교였다. 한때는 18학급에 이를 정도로 번창했다. 그러나 일산 신도시가 건설되고, 주변 지역에 아파트가 건립되면서 역설적으로 학교는 쇠퇴하기 시작했다. 신도시인 일산 지역이 발전할수록 이곳 덕양 지역은 점점 소외되기 시작했다. 더욱이 덕양중 주변은 개발제한구역으로 묶여버렸고 건물 하나 짓는 것도 쉽지 않았다. 또한 학교 옆에 바로 군대가 위치해 있다. 지역 발전이 어려운 상황인 것이다. 이러한 지역 분위기를 반영하듯 덕양중 역시 차츰차츰 학생 수가 줄어들기 시작했다. 어느 정도 가정 형편이 괜찮은 아이들은 서울이나 일산 신도시로 미리 이사를 하거나 위장 전입을 해서라도 덕양중 배정을 피했다. 결국, 덕양중

김성천 skc22@chol.com

네모난 얼굴을 가지고 있지만 네모와 같은 학교를 세모와 동그라미, 마름모꼴의 학교로 만들기 위해서 고민하고 있습니다. 안양 충훈고에서 사회를 가르치다가 휴직을 하고, 현재 좋은교사운동 정책위원과 사교육걱정없는세상 정책대안연구소 부소장으로 활동하고 있습니다. 15년이 채 안 되는 짧은 교직 기간 중 무려 5년을 학교를 바꾸기 위해서 휴직했습니다. 스스로를 학교 주변을 맴도는 '인공위성 교사'라 칭합니다. 학교와 사회를 바꾸는 사회 교사가 되는 것이 꿈이고 교육과 연구와 운동의 통합적 삶을 지향하고 있습니다. 성균관대에서 교육사회학으로 박사 학위를 취득했습니다.

에 다니는 학생들은 사회·경제적으로 어려운 저소득층 아이들이 대부분이었다. 부모의 돌봄을 제대로 받지 못한 학생들도 적지 않았고 급식 지원을 받아야 하는 학생들이 전교생의 절반을 넘는 상황에 이르렀다. 아침을 먹지 못해서 생라면을 씹으면서 등교하는 아이도 있었고, 비닐하우스에서 어렵게 사는 아이들도 있었다. 어느 날 한 할머니가 오셔서 손자를 자퇴시켜 달라고 한 적도 있었다고 한다. 손자가 중학교를 자퇴해야 군대를 안 가게 되고 그래야 집안의 생계가 해결된다는 것이다.

이러한 분위기 속에서 덕양중은 지역에서 '공부를 못하는 학교'라는 평판을 받고 있었다. 심지어 학원가에서도 덕양중 학생들은 받지 않았다고 한다. 덕양중 아이들이 오면 학원 이미지가 안 좋아지기 때문이다. 어쩌다 공부를 잘하거나 잘사는 집 아이들이 덕양중으로 배정을 받았다고 해도 대부분 3월 초에 다른 학교로 미련 없이 전학을 가버리고 말았다. 상황이 이렇다 보니 교사들의 사기도 떨어질 수밖에 없었다. 가정 형편이 좋지 않은 아이들이 많이 모여 있어서 생활지도와 학습부진아 문제가 늘 교사들을 힘들게 했다. 학교 폭력과 흡연, 가출, 반항 등의 사고가 끊이질 않았다. 수업을 따라오지 못하는 학생들이 수업시간에 떠들거나 자는 경우도 많았다. 덕양중 학생들 30명을 데리고 수업하는 것이 일산 지역 학생들 80명을 데리고 수업하는 것보다 훨씬 힘들고 어렵다는 말이 교사들 사이에서 나오곤 했다.

덕양중은 서울과 생활권이 가깝다는 장점이 있었지만, 그러한 장점이 교사들을 붙들어 주지는 못했다. 1년 만에 내신을 써서 다른 학교로 가는 교사들이 적지 않았다. 더 큰 문제는 이 학교에 오는 교장들이 주

©우리교육 최승훈

*

서울과 일산의 경계에 위치해 있는 덕양중은 주변에 신도시가 건설되면서 차츰 쇠락해
가고 있었다. 한때 18학급에 달하던 규모도 점점 줄어들어 6학급만 남게 되었고, 경제
형편이 어려운 아이들도 많이 다녔다. 학교에 변화가 찾아오기를 모두가 갈망하던 때,
교장공모제를 통해 작은 변화의 씨앗을 품게 되었다.

*
9월 4일, 친구 사랑의 날. 무슨 행사를 할까 고민하다가
그냥 서로 안아 주자고 했다. 쑥스러워하는 아이들도 있었지만 표정만은 밝았다.

로 퇴임을 앞두고 온다는 점이다. 이런 상황에서 학교의 장기적인 계획을 세운다는 것은 기대하기 어려웠다.

이경탁 교사는 공모제를 하게 된 배경에 대해서, 구성원들 모두 어떤 변화가 찾아오기를 간절히 갈망했다고 말했다. "전에 계시던 교장 선생님은 시설 투자라든지 대외적인 활동을 전혀 안 하셨어요. 보통은 정년 퇴임하는 교장들은 공사라도 많이 벌이잖아요. 그런 것도 안 했어요. 학부모들도 많이 실망했죠."

결국 전반적으로 침체된 학교 분위기를 바꾸어 보려는 시도의 일환으로 교장공모제를 시작하게 되었다. 2007년 11월에 경기도에서는 6개 학교가 공모 교장을 공고했는데, 그중 하나가 덕양중이었다.

학교를 바꾸다 – 교장공모제 학교 2년의 기록

평교사가 교장되다

덕양중에 교장으로 지원한 김삼진 교사(당시 궁내중 재직)는 평교사로서 살아왔다. 그는 좋은교사운동 회원이면서, 한국교수학습방법연구회의 회장으로 활동해 왔다. 퇴근 후에 모임에 나가서 후배 교사들과 함께 좋은 수업과 학급운영에 대해서 함께 연구했다. 후배 교사들의 성장을 돕고 그들과 함께 호흡하는 것이 즐거웠다고 한다.

그가 좋은교사운동에서 활동을 한 이유는 가정방문, 일대일 결연, 자발적 수업평가 받기, 정직운동 등 현장 중심적 교육운동을 벌이는 것이 마음에 들었기 때문이었다. 현장에서 그는 후배 교사들로부터 안타까운 이야기를 많이 들었다. 학기 초에 가정방문을 하려고 하면 오히려 교장과 교감이 하지 말라고 요구했고, 그러한 압력 때문에 결국 가정방문을 포기하고 실망하는 후배 교사들의 모습을 많이 보았다. 평교사로서 그가 할 수 있는 일은 별로 없었다. 후배 교사들의 열정이 현장의 관료주의적 분위기 속에서 좌절되는 모습을 보면서 그들을 도와주고 후원해 줄 수 있는 교장이 필요하다고 생각했다. 그러나 오랫동안 군 장교로 일하다가 우연한 기회에 교직에 들어온 그로서는 관리자로 나가는 것이 매우 어려웠다. 그런 상황에서 교장공모제에 관한 논의가 참여정부 시절에 본격화되었다. 그는 이런 흐름을 잘 활용하면 좋은 교육을 열망하는 후배 교사들을 도울 수 있는 기회가 될 수 있겠다는 판단을 했다.

교직에 늦게 입문해서 교장으로 승진해야겠다는 생각을 하지 않았습니다. 교장이나 교감이 되는 것보다는 수업 전문가로, 좋은 담임으로 살려고 했습니다. 그렇게 평교사의 삶을 살면서 퇴근 후에는 교수학습방법연구회나 좋은교사운동 지역 모임에 참여했습니다. 그 모임에 나가면서 후배들이 답답한 학교체제 때문에 울분을 터트리고 안타까워하는 모습을 많이 봤습니다. 학교에서 뒤뜰야영을 하겠다고 하거나 학급 엠티를 간다고 하면 대부분의 교장, 교감 선생님들이 막는다는 거죠. 혹시 사고 날 것을 두려워하는 겁니다. 그런 후배들의 이야기를 들으면서 평교사인 제가 해 줄 수 있는 것은 위로밖에 없었습니다. 교장공모제가 도입된다는 이야기를 들은 후 후배들의 권유를 많이 받았습니다. 교장공모제는 그동안 제가 고민했던 교육에 대한 철학과 비전, 가치, 프로그램을 실현할 수 있는 가능성이 높은 제도라고 판단을 했습니다. **김삼진 교장**

김삼진 교사가 교장공모제를 준비하면서 가장 먼저 한 일은 사람을 모으는 것이었다. 경기도 일산과 안양 지역에서 근무하고 있는 좋은교사운동 회원 10여 명을 중심으로 TF^{Task Force}팀을 구성했다.

이 교사들이 TF팀에 참여를 한 이유는 무엇인가? 그것은 교사로서 갖는 갑갑함이 있었기 때문이다. 교사들의 노력은 단위 학교 내에서는 교사 개개인의 실천에 머무를 때가 많다. 열정이 있는 교사라 할지라도 학교 내에서 관리자들의 제지를 받고, 동료 교사들과의 소통에 어려움을 겪으면서 학교 안에서 변화를 만드는 데 한계를 경험하게 된다. 예컨대, 협동학습을 아무리 열심히 배웠다고 해도 동교과 교사들이 협동학습에 대해서 알지 못하면 수행평가에 협동학습 요소를 반영하는 것은 불가능하다. 가정방문, 일대일 결연운동, 자발적 수업평가

받기 캠페인, 정직운동, 학부모 편지 보내기 운동 등을 실행하려고 해도 교감이 우려하는 목소리를 던지면 실행할 수 없게 된다.

두 번째로는 본질보다는 비본질적인 것에 더 많은 노력을 기울이는 학교의 모습을 바꾸어 보고 싶은 열망 때문이었다. 대부분의 학교에서는 '보여주기식' 행사나 입시 위주의 교육(명문 만들기)을 중심으로 학교를 운영해 나가려는 경향이 있다. 이런 모습에 교사들은 지쳤고 좌절했다. 무엇보다 학교에 대한 새로운 상상력은 더 이상 실현되지 못하고 있었다. 관리자들도 교사들도 '좋은 학교란 이런 것이다' 라는 모델을 본 적이 없기 때문에 과거의 학교 모습이 답습되는 악순환이 되풀이되고 있었다. 모든 학교를 한 번에 다 바꿀 수는 없을지라도 새로

＊
전문가들과 함께 집단상담 프로그램을 운영했다. 6명씩 짝을 이뤄 상담을 받게 되는데, 자신을 알아 가고 친구들의 마음도 읽을 수 있는 시간이었다.

운 학교상을 제시할 모델이 절실했다. 그 모델이 한두 개가 있다면 다른 학교에서도 변화를 만들 수 있고, 관리자들을 설득하기도 쉬워질 것이라는 기대가 생겼다.

이러한 비전을 품고 활동을 한 TF팀은 김삼진 교사를 주축으로 덕양중 공모제 교장에 도전하게 된다. 교장공모제 지원 동기에 대해서 김삼진 교사는 다음과 같이 밝혔다.

사실 편하게 살려고 하면 굳이 공모제 교장에 도전할 필요도 없다고 생각했습니다. 하지만 우리 교육이 이대로는 안 된다는 것은 분명한 것이지요. 뜻을 같이하는 교사들이 있다면 해내지 못할 일도 없다고 봤습니다. '이것이 교육이고, 이것

이 학교다'라는 모델이 제시될 수만 있다면, 교사로서 사명감을 다한 것이라고 생각했습니다. 그것이 지원 동기라고 할 수 있지요. 그런 점에서 덕양중은 그냥 열심히 하는 학교로 평가받는 정도가 아니라 한국에서 모델이 될 수 있는 학교를 목표로 했던 것이죠. **김삼진 교장**

TF팀이 가장 먼저 한 일은 덕양중이 어떤 상황에 놓여 있는지 파악하는 일이었다. 덕양중에는 한부모 가정이나 저소득층인 학생이 많다는 것을 확인했다. 교사들은 잡무 부담이 많아서 굉장히 힘들어하고 있으며, 가능하면 다른 학교로 빨리 이동하고 싶어 한다는 것도 알게되었다. 이러한 정보를 바탕으로 김삼진 교사와 TF팀은 학생, 학부모,

＊
2009년 5월의 체육대회. 단체줄
넘기, 플로어볼, 티볼, 축구, 계주
등 다양한 종목에서 함께 뛰놀 수
있는 시간이었다.

교사에게 무엇이 필요한지 파악하는 데 주력했다. 덕양중이 어떤 어려
움에 처해 있는지 고려하면서 학교의 방향을 고민하고, 현실 분석을
토대로 학교운영계획서를 만들기 시작했다. 몇 차례의 회의와 토론 과
정을 거쳤다. 그 결과, '네트워크' '재미있는 학습과 즐거운 학교' '배
움의 공동체' '소통과 참여' '책임지는 교사'라는 다섯 가지 핵심 가
치를 중심으로 학교운영계획서를 수립했다. 이를 토대로 나름대로 덕
양중 4년 비전 보고서를 만들었는데, 그 내용의 일부를 소개하면 다음
과 같다.

사명선언문

우리 학교는 교사들이 사랑으로 학생들을 책임지고 교육함으로써 이타적 마
음을 가지고 사회에 기여하는 시민공동체의 일원을 길러 내며, 네트워크와
학습공동체 구성을 통해 공교육의 새로운 모델을 제시하기 위한 비전을 꿈
꾸고 있습니다.

TF팀과 김삼진 교사가 덕양중에 대해서 SWOT 분석을 한 결과는 다음과 같다.

강점 Strength	약점 Weakness
1_ 6학급의 작은 학교로서 공동체 실현이 가능함 2_ 교사와 학생 간 충분한 상호작용이 가능함 3_ 교사들의 열정이 강함 4_ 학교의 전통이 있음 5_ 교실의 활용 공간이 많음 6_ 서울과 인접해 있음 7_ 교사 1인이 학년을 다 맡고 있기 때문에 창의적인 수업이 얼마든지 가능함 8_ 학생에게 학습 과정과 결과에 대한 피드백을 주기에 용이한 구조임 9_ 도서관, 컴퓨터실 등 하드웨어적인 것은 어느 정도 갖추어진 상황임	1_ 학생들의 학업 성적과 학습 능력이 전반적으로 떨어짐 2_ 가정 환경이 좋지 못한 학생들이 많음 3_ 교사들은 두세 개의 업무 분장을 맡고 있어서 새로운 사업을 시도하는 것이 현실적으로 어려움 4_ 학교 예산이 넉넉지 못한 상황임 5_ 경력이 풍부한 교사들이 많지 않은 상황임 6_ 순회교사 비중이 높은 편임 7_ 생활지도상의 문제가 빈번하게 발생함
기회 Opportunity	위험 Threat
1_ 교장공모제도가 도입되어, 평교사 출신이 교장이 된다면 지역사회의 주목을 받을 수 있음 2_ 좋은교사운동, 반크, 한국정보문화진흥원, 경실련, 협동학습연구회, 기타 지역사회 단체에서 덕양중과 함께 교육적 협력을 하자는 제안을 받고 협력할 수 있음	1_ 우수한 학생들은 전학을 가려는 경향이 강함 2_ 근무평정제 강화로 경력 교사들의 경우 작은 학교보다는 큰 학교를 선호할 가능성이 큼

이러한 SWOT 분석을 토대로 비전 보고서에서는 4년간 덕양중에서 실현할 수 있는 구체적인 학교 계획을 제시했다. 학교는 통상 1년을 중심으로 교육계획서가 수립된다. 1년 단위의 단기적인 계획만 존재하다 보니 예전의 행사가 되풀이되거나 인근 학교의 교육계획서의 내용과 거의 비슷한 경우도 생긴다. 이러한 문제를 극복하기 위해 공모제 교장의 임기인 4년 동안에 가능한 비전을 세우고, 그것을 실천할 수 있는 전략을 구체적으로 모색했다.

먼저, 1년 차에는 네트워크와 학습공동체에 초점을 맞추기로 했다. 덕양중에서 네트워크를 강조했던 것은 크게 두 가지 목적이 있었다. 첫째는 덕양중 교사들이 경험하고 있는 어려움과 부담을 조금이라도 덜어 주어야겠다는 생각이 있었다. 덕양중은 한 과목의 교사들이 1, 2, 3학년에 걸쳐 들어가야 하며, 다른 학교에서 서너 명이 하는 업무를 혼자 도맡아 처리하는 경우가 많다. 심한 경우, 한 교사가 하루에 공문을 30개 이상을 처리하기도 한다. 이런 상황에서 교사들이 수업에만 집중하는 것은 쉽지 않다. 이런 문제를 타개하기 위해서는 계발활동, 동아리 활동, 창의적 재량활동, 방과후활동 등을 교사들이 독점하기보다는 책임 있는 주체들과 함께 학교교육 프로그램을 공유할 필요가 있다고 보았다.

두 번째는 학교의 폐쇄성을 극복해 보자는 취지였다. 지식기반사회이자 평생학습시대인 지금, 더 이상 학교가 지식을 독점할 수 없다. 이러한 시대 변화는 이론적 지식을 넘어 경험적 지식을 더욱 강조하고 있다. 기존의 교과 체계에 묶인 지식으로 학생들에게 유의미한 경험을

학교를 바꾸다 – 교장공모제 학교 2년의 기록

제공할 수 없다. 사회의 다양한 분야에서 나름대로 활동해 오면서 전문성과 경험을 축적한 주체가 있다면 학생들과 만날 수 있는 접점을 만들어 주어야 할 필요가 있다고 보았다. 덕양중 학생들은 대부분 문화 자본이 결여되어 있다. 방과 후에는 주로 텔레비전을 보거나 인터넷 게임을 하며 시간을 보낸다. 독서를 거의 하지 않는 아이들이 많다. 10여 명의 교사들만으로는 아이들에게 다양한 경험을 전수해 주는 데 한계가 있을 수밖에 없다. 교사들이 경험한 것 이외의 것을 아이들에게 나누어 줄 수 있는 전문성과 의지를 가진 주체가 있다면 그들을 발굴하여 아이들과 연결시켜 줄 필요가 있다고 보았다.

＊
2009년 9월, 씨드스쿨에서 1박 2일로 '날다' 라는 주제로 비전캠프를 가졌다. 그룹별로 미션을 수행하기도 하고, 자신들의 꿈을 주제로 하는 UCC도 제작하면서 즐거운 시간을 보냈다. 아이들을 위해 자신들의 시간을 기꺼이 내주는 대학생들도 많은 걸 얻어 가는 시간이었다.

그런 맥락에서 기존의 고립된 학교상을 넘어서 연결된 학교상, 지역사회와 함께하는 학교상을 구현하는 핵심 아이디어로 '네트워크'를 채택하게 되었다. 제대로만 이루어진다면 교사들에게는 학습에 집중할 수 있는 충전의 계기가 될 것이며, 동시에 검증된 교육 콘텐츠를 가진 지역 인사와 시민단체를 잘 활용함으로써 학교 프로그램의 다양화를 이룰 수 있을 것이라고 보았다.

덕양중 학교운영계획서에서 학습공동체가 강조된 이유는 일에 지친 교사들의 모습을 보면서 더 이상 새로운 것이 나오기 어렵다는 문제의식을 가졌기 때문이었다. 교사들은 과중한 업무에 지쳐 있었다. 이런 상황에서 교사들은 수업에 집중할 수가 없다. 극복할 수 있는 방법은 교사들이 학습을 통해서 먼저 충전을 하고 수업에 대한 자극을 받게

*
2009년 3월 2일, 덕양중은 43명의 새 식구를 맞이했다. 서로 인사를 나누며 사랑하고 존경하는 선후배 관계를 위해 노력하자는 다짐을 했다.

하는 것이다. TF팀은 학습은 학생에게만 필요한 것이 아니라 교사들에게도 필요하다고 보았다. 학교에서 교사들은 '계란판 속의 계란' 과같이 고립돼 있다. 교직원회의라든지 교과협의회는 형식적으로 운영되고, 교사들은 수업과 학급운영에 대해서 동료 교사들과 나눌 수 있는 정서적 공간을 거의 가지지 못한 채 일만 하게 된다. 그 과정에서 배움은 생략된다. 이러한 문제의식 속에서 학습하는 교사, 동료 교사와 활발하게 상호작용하는 교사상을 강조했다. 학생들에게 늘 배움을 강조하면서 교사가 스스로 배움을 게을리한다는 것은 일종의 자기기만으로 보았다.

　대부분의 교사들은 학교가 '일' 을 하는 곳이라고 생각하지 '배움' 이 있는 곳이라고 생각하지는 않는다. 많은 교사들은 학교 밖의 모임이나 연수를 찾아다니지만 학교 내에서 어떤 학습을 행하지는 않는다. 교사는 학교에서 소모되고, 충전은 학교 밖에서 한다. 이런 방식은 건강하지 않은 방식이다. 교사의 학습은 학교 안에서 이루어져야 하며, 서로가 서로에게 학습을 자극하는 촉매제가 되어야 한다. 그것은 개방적 문화, 학습하려는 풍토가 학교 안에 존재할 때 가능한 시나리오가 된다. TF팀은 학교 안에서 교사들이 학습에 집중할 수 있는 프로그램을 모색했다.

　덕양중의 비전 보고서에서 그들이 핵심 가치로 내세운 내용은 다음과 같이 정리할 수 있다.

즐거운 학습　　학습은 시험 성적을 잘 받기 위해서 혹은 상급 학교에 진학하기 위해서 억지로 하는 과정이 아니다. 학습은 우리들이 살아가는 세계에 대한 탐구의 과정이며, 지적 호기심을 충족시키는 과정이다. 이 과정에서 우리는 세상을 보다 아름답게 바꾸어 나가고 싶은 비전을 발견할 수 있다. 학습은 혼자만의 지루한 과정이 아닌 동료 및 교사와의 상호작용 속에서 앎의 과정에 이르는 것이다. 이때의 앎은 아는 것과 실천하는 것의 일치를 의미한다. 그런 점에서 학습은 삶을 배우고 가꾸고 살찌우는 유의미한 과정으로서 즐거운 과정이어야 한다.

책임지는 교사　　학생의 성장은 학교 내지는 교사만의 노력으로 이룰 수 없다. 학업성취의 상당 부분은 가정 배경과 밀접한 관련이 있음을 부인할 수 없다. 그럼에도 불구하고 교사의 역할은 매우 중요하다. 교사는 가르침을 통해 개념적 공간을 창조함과 동시에 정서적 공간을 창조해야 한다. 이 과정에서 교사는 가르치는 것으로 끝나는 것이 아니라 학생의 삶의 과정에 어느 정도 관여하면서 도움을 주어야 한다. 이를 위해 교사는 수업과 학급운영의 디자이너가 되어야 한다. 학생의 부족한 점을 학생과 학부모의 책임으로 전가하기보다는 그 책임을 공유하겠다는 생각을 가질 때 교사와 학교가 발전할 수 있다. 수업과 학급운영에서 학생과의 만남은 행정적인 만남이 아닌 학생의 삶에 충분한 도움과 자극을 줄 수 있는 깊이 있는 만남이어야 한다. 그런 점에서 교사는 문제의 원인을 고민하고, 그 해법에 대해서 학부모 및 동료 교사, 지역 인사들과 함께 모색하며 실천해야 한다.

네트워크　　학교는 더 이상 교육의 독점 기관이 되지 못한다. 그런 점에서 학생들에게 유의미한 교육적 체험을 줄 수 있는 사람과 기관이 있다면 그들을 적극적으로 활용해야 한다. 네트워크의 대상으로는 유의미하고 검증된 교육 콘텐츠를 가진 학부모, 지역사회 인사 및 단체, 교육 및 행정기관이 될 수 있다.

소통과 참여　　학교는 다양한 주체들과 다양한 세계관을 가진 이들이 공존한다. 이러한 상황은 심각한 경우 갈등을 유발할 수도 있지만 열린 대화와 토론을 통해 합의된 목표와 가치를 도출하여 다양성 속에 일치된 학교를 만들 수도 있다. 그것을 위해서 소통과 참여는 매우 중요하다. 교장, 교감, 부장, 교사 간 수직적 소통과 동료 교사 간 수평적 소통을 회복하고, 학부모 역시 중요한 교육의 주체로 자리 잡아야 한다. 학생들은 소통과 참여의 과정을 통해 잠재적 교육과정으로서 민주주의를 학교 공간에서 체험하면서 성숙해져야 한다.

학습공동체　　교사의 전문성은 이론이 아닌 실천과 경험 속에서 누적되는 것이다. 그러한 경험이 동료 교사와의 대화와 상호작용 속에서 체계화될 수 있고, 그것은 곧 좋은 수업과 학급운영의 토대가 된다. 교사가 먼저 협력할 때 아이들도 협력한다. 교사의 삶이 바뀔 때 교사의 수업이 바뀔 수 있고, 교사의 수업이 바뀔 때 아이들의 삶이 바뀐다. 교사는 계란판 속의 계란과 같이 고립된 존재가 아니다. 나의 약함과 부족함마저도 동료 교사들에게 기꺼이 드러내면서 해법을 함께 찾아야 한다. 이를 위해 교사들은 교학상장敎學相長할 수 있어야 한다. 아울러, 교사들의 만남은 업무를 위한 형식적 만남을 극복하고, 서로에 대한 배려와 나눔, 섬김의 정신을 각자의 삶 속에서 실천해야 한다. 그때 교사와 아이들은 학교에서 행복을 느낄 수 있게 된다. 덕양중을 거친 교사는 소모되어 나가는 것이 아니라 학급운영과 수업의 전문가로 커서 누군가의 성장을 돕는 리더가 되어야 한다.

2009년 9월부터 대한민국교육봉사단이 운영하는 씨드스쿨
(씨앗학교)을 학교에서 시작했다. 오후 5시부터 약 3시간 동
안 대학생 멘토('티'라고 부름)와 학생이 각각 짝을 지어 같
은 프로그램에 참여한다. 씨드스쿨 안에서 학생들은 자신의
소중함을 깨닫고 미래를 함께 생각할 수 있는 시간을 갖는
다. '티'는 아이들과의 거리를 좁히기 위해 이름보다 '벨로
체' '야수' '올레' '임장군' 등 별명으로 불리고 있다.

이러한 비전 보고서를 바탕으로 김삼진 교사는 자신감을 가지고 공모제에 응모했다. 서류 심사는 무사히 통과했다. 문제는 면접이었다. 면접에 대비하여 심사위원들이 궁금해하거나 지적할 수 있는 예상 질문을 미리 생각해 두었다. TF팀은 현장 교사들로 구성되어 있었기 때문에 학교운영계획서의 내용이 실제로 학교에서 적용된다고 가정할 때 어떤 문제가 발생할 수 있을 것인지에 대해서 충분히 파악하고 있었다. 따라서 예상된 질문에 대한 해법을 충분히 고민했다.

1차 심사 때 김삼진 교사가 심사위원들 앞에서 했던 발언의 일부를 옮기면 다음과 같다.

OECD는 미래 학교의 바람직한 방향으로 두 가지를 제시했습니다. 하나는 학습센터이고 두 번째는 학습 조직 및 학습공동체 강화입니다. 그 정신이 제가 제시한 학교운영계획서에 내재해 있습니다.

이러한 관점에서 저는 덕양중을 변모시킬 학교운영의 키워드를 다음과 같이 제시하고자 합니다.

첫째, 네트워크입니다. 급변하는 지식기반사회에서 더 이상 학교가 모든 교육을 끌어안을 수 없다고 봅니다. 지역사회 내지는 시민사회에 존재하는 유의미한 교육적 콘텐츠를 가진 사람이나 조직을 활용해야 합니다. 사이버외교사절단 반크, 청소년스스로지킴이, 학습지도상담 프로그램을 도입할 것입니다. 또한, 방과후학교, 부진아 지도 등의 문제까지 대한민국에서 검증받은 전문가와 자원들을 충분히 활용할 것입니다.

둘째, 재미있는 학습, 즐거운 학교입니다. 무엇보다 수업이 재미있어야 합니다.

일제식 수업이나 주입식 교육으로는 한계가 있다고 생각합니다. 따라서 아이들을 사로잡을 수 있는 다양한 수업방법, 예컨대, 협동학습이라든지 프로젝트 수업과 같은 참여 활동 수업을 충분히 전개하고자 합니다. 이를 위해 교사들의 학습 방법론에 관한 연수에 1년간 집중하고자 합니다.

아이들이 공부를 하지 않는 이유는 자기 정체성은 물론 진로에 대한 길을 못 찾았기 때문입니다. 이를 위해 다양한 심리검사를 통해 내가 누구인지를 알고, 자신의 장점이 무엇인지를 발견하게 할 것입니다. 무엇보다 자신의 비전에 대해서 꿈꾸게 할 것입니다. 심리검사, 진로교육, 학습지도상담 등을 유기적으로 연계시켜 억지로 공부하는 것이 아니라 스스로 공부하게 만들고자 합니다.

또한, 학생회 및 동아리 활성화, 다양한 재량활동, 봉사활동을 통해 학생들이 월요일을 기다리고 개학을 기다리는 학교로 만들어 보고 싶습니다. 아이들이 학습과 활동을 통해 책임 있는 민주시민, 더불어 사는 민주시민으로서 성장하는 데 도움이 되는 학습 경험을 제공하고 싶습니다.

셋째, 학생들의 학습에 책임지는 학교입니다. 지금까지 학습부진 학생의 경우 학교는 책임을 지지 않았고, 그 모든 책임을 학생과 학부모에게 떠넘겼습니다. 그것은 잘못된 것입니다. 학교가 당연히 책임을 져야 한다고 생각합니다. 이를 위해 아이들의 수업 과정에 교사들이 일일이 개입하고, 도움을 주어야 합니다. 저는 그것을 교사별 평가로 명명하고자 합니다. 이를 위한 시스템 구축이 필요합니다. 소규모 학교라는 덕양중의 특성은 교사 나름대로 수업을 기획하여 다양한 체험 속에서 깨닫게 하는 과정이 가능하리라 봅니다. 이를 위해 저는 수업과 평가를 혁신하고자 합니다. 지필평가에서 참여 중심의 평가로, 양적 평가에서 질적 평가로, 결과 중심에서 과정 중심의 평가를 실시하고자 합니다. 또한, 포트폴리

✻
씨드스쿨은 '창의상상타임'으로 시작된다. 함께 운동장에서 뛰기도 하고, 게임도 하고, 은박지로 자기 얼굴의 본을 떠서 꾸미는 등 다양한 프로그램으로 아이들의 마음을 사로잡는다.

✻
2009년 12월, 약 3개월에 걸쳐 진행된 씨드스쿨의 수료식을 가졌다. 전 교사들과 학부모님들까지 참여해서 씨드스쿨 수료식을 축하했고, 티와 아이들은 다양한 공연을 통해 수료식을 자축했다.

오 구성, 교사의 상세한 평가 등을 통해 평가를 위한 평가가 아닌 피드백을 통한 성장을 가능케 하는 참된 평가를 실시해 보고 싶습니다. 아울러, 부진 학생들의 경우, 일대일 과외 방식, 학습클리닉센터, 진로 프로그램, 다양한 심리검사 프로그램 등 개인의 상황에 맞는 맞춤형 처방을 도입하여 기초학습 능력을 강화시킬 것입니다. 또한, 수준별, 관심별 다양한 방과후활동을 활성화시켜서 학생들의 학습 욕구를 충족시킬 것입니다.

네 번째는 교사 학습공동체 강화입니다. 덕양중에서 근무하는 교사들은 소모되는 것이 아니라 성장해서 나가야 한다고 생각합니다. 교사가 연구하고 학습하지 않는데 어떻게 학생들에게 공부하라고 말할 수 있겠습니까? 먼저, 자신의 수업을 공개하고, 필요한 내용에 대해서 연수 받고, 모임을 만들어 스스로 학습하는 과정을 통해 서로 교학상장하는 모델을 만들어 보고 싶습니다. 교사의 전문성은 수업과 학급운영을 하면서 느꼈던 고민을 동료 교사들과 나누는 과정에서 발전한다고 생각합니다. 매주 수요일 오후는 다양한 프로그램을 도입하여 교사들이 연구하는 날로 정할 것입니다.

다섯 번째는 참여와 소통의 공동체입니다. 공동체는 비전과 철학, 목표, 방법을 공유해야 된다고 봅니다. 더 이상 일방적인 교육은 어렵습니다. 그런 점에서 학부모 및 학생 만족도 조사를 매년 실시하고, 교사 워크숍을 실시하여, 구성원들이 함께 학교운영계획서를 만들고, 협약을 체결하고, 그것을 함께 실천하고자 합니다. 이를 통해 교권과 인권을 조화하면서도 서로가 신뢰하고 존중하는 학교 풍토를 만들어 보고 싶습니다.

저는 희망의 씨앗을 덕양중에서 뿌려 보고 싶습니다. 사실 덕양중은 학부모도, 교사도, 학생도, 지역 주민도 그렇게 선호하는 학교는 아닙니다. 그러나 저는 가능성이 있다고 봅니다. 저는 입시 위주의 교육이 아닌 아이들의 삶을 바꾸고, 진리를 향한 가르침의 공간을 창조하는 참된 교육에 대한 열망으로 가득 차 있습니다.

저는 위에서 시키지 않는데도 가정방문을 하며, 자발적으로 수업평가를 받으며, 자발적 연수를 받는 열정과 패기 넘치는 훌륭한 교사들을 잘 알고 있습니다. 그들은 아이들의 성장을 위해서 헌신할 준비가 되어 있으며, 아이들과 학부모를 섬길 준비가 되어 있습니다. 그들과 함께 새로운 학습 모델, 새로운 교직 문화,

새로운 학교 모습을 만들고 싶습니다.

이러한 취지의 학교운영계획서와 김삼진 교사의 발언에 대해서 심사
위원들은 상당히 주목했다. 그리고, 2007학년도에 경기도에서 교장공
모제에 도전한 6개의 학교 중에서 유일하게 평교사가 교장으로 올 수 있
었다. TF팀과 김삼진 교장은 그때의 감격을 아직도 잊지 못하고 있다.

작은 변화의 씨앗들

학습에 책임지는 학교

공모제 교장으로 선발된 이후, 김삼진 교장과 TF팀이 제일 먼저 한 일
은 덕양중에 도움을 줄 수 있는 주체를 만나는 일이었다. 먼저 성균관
대학교 사범대 학생들의 봉사동아리인 푸른사과를 만나서 덕양중 학
생들의 멘토가 되어 달라고 요청했다. 예비교사로서 현장을 경험하는
것은 그들에게도 유익했으며, 필요하면 그들이 교사로서 성장할 수 있
도록 돕겠다는 약속을 했다. 교생실습을 원하면 1순위로 받아 주겠다
고 했다. 교사연수에도 들어올 수 있도록 돕겠다고 했다. 그것 외에 자
원봉사자 대학생들에게 해 줄 수 있는 것은 별로 없었다. 예산을 잘 확
보하면 교통비나 수고비를 약간 줄 수는 있지만 그런 것으로 대학생들
을 사로잡을 수는 없었다. 망설이는 푸른사과 학생들에게 TF팀이 덕
양중의 비전에 대해서 특강을 실시했다. 학생들은 덕양중의 학교 철학
에 공감하며 멘토링 활동에 동참해 주었다. 푸른사과 학생들만으로는
부족해서 다른 학교 학생들을 물색해야 했다. 다행히 덕양중 근처에

*
방과 후에는 대학생들이 학교에 와서 아이들의 부족한 공부를 보충
해 준다. 멘토 프로그램을 통해 아이들은 정서와 학습적인 면에 도움
을 받고, 대학생들은 예비교사로서 성장하는 데 좋은 경험을 쌓는다.

학교를 바꾸다 – 교장공모제 학교 2년의 기록

항공대학교가 있기 때문에 학교 측에 도움을 요청했다. 항공대학교 측에서는 적극적인 지원을 해 주었다. 초창기에는 자원봉사를 하겠다는 학생들을 구하기 힘들었지만, 1년이 지나고 나서는 40명 이상의 대학생을 확보할 수 있었다. 항공대학교는 걸어서 몇 분 되지 않는 거리에 있기 때문에 언제라도 학교에 방문하는 게 가능했다.

멘토 프로그램을 적용한 이유는 덕양중 학생들 중 학습 결손이 심하거나 방과 후에 특별한 교육을 받을 기회가 없는 아이들이 많기 때문이다. 이런 학생들일수록 개별화 교육이 매우 중요하다. 특히, 기초학력이 잘 갖추어져 있지 않은 학생들에게는 일대일 맞춤형 교육이 반드시 필요하다. 교사들의 힘만으로는 손이 닿지 않기에 대학생들의 도움을 요청한 것이다. 교사들은 멘토 프로그램을 통해 아이들의 정서와 학습적인 면에 도움을 줄 것으로 기대했다. 성균관대 푸른사과에서 활동하는 나청수 학생은 덕양중이 멀어서 오가기 힘들지만 한 학기를 아이들과 함께 지내면서 많은 것을 깨닫게 되었다고 한다. 처음에는 무조건 공부를 많이 시키려고 했으나 아이들의 반응이 시원찮아서 애를 먹었다고 한다. 몇 번의 시행착오 끝에 방법을 수정했다. 학습을 강요하기보다는 아이들과 함께 대화하고, 놀아 주는 데 초점을 맞추었다. 점점 관계가 가까워지자 아이들은 자신의 속 이야기를 말하기 시작했다. 성장 과정에서의 상처와 아픔에 대해서 말하기도 했다. 예비교사로서 매우 도움이 되는 과정이었다고 그는 말했다. "저도 사범대 학생이지만, 그런 아이들이 있는지도 몰랐어요. 이 아이들은 어찌 보면 교육 기회를 제대로 못 가진 아이들인데, 그런 아이들을 위해서 내가 뭔가를 해야겠다는 생각이 들었지요. 이 아이들은 학원을 다니고 싶어도 다닐 수 없고, 부족한 것이 있어도 따로 배울 수가 없는 상황이라는 것을 알고 안타까웠어요." 그는 집에서 가까운 모교를 선택하지 않고, 한 시간 이상 걸리는 덕양중을 교생실습 학교로 신청했다. 멘토링을 받는 아이들뿐만 아니라 멘토를 하는 대학생들도 함께 성장했던 것이다.

이러한 대학생 멘토링에 대해서 교사들과 학생들은 어떻게 평가를 할까? 윤진수 교사는 아이들이 매우 좋아하고 있다면서 애정이 필요한 아이들에게 대학생들이 그런 역할을 잘 해 주고 있다고 만족해했다. 멘토링을 받은 3학년 수지는 "멘토링 이후 성적이 많이 올랐다"며 좋아했다. 같은 학년인 근우도 "열심히 공부하고 싶은데 가정 형편 때문에 공부를 못하는 학생들에게 도움이 된다"고 이야기했다.

멘토 프로그램도 나름대로 시행착오를 겪었다. 처음에는 대학생들이 의욕적으로 시작하지만 아이들이 생각처럼 공부에 열성을 보이지 않고 말도 잘 듣지 않는다. 그 과정에서 대학생들은 회의감을 가지게 된다. 1년 차가 지나면서 멘토와 멘티를 관리해 줄 담당자가 필요하다는 것을 깨닫게 되었다. 그래서 업무 분장에 이 일을 전담하는 교사를 배치했다. 대학생들에게 연락을 하고, 애로점을 듣고, 학교 차원에서 지원할 점을 모색하게 한 것이다. 그러나 현실적으로 교사 한 명이 멘토와 멘티의 요구를 모두 채워 주는 것은 불가능한 일이다. 3년 차부터는 멘토와 멘티를 전담할 수 있는 학교사회복지사를 두기도 했다. 대학생들에게는 멘토 프로그램을 곧바로 적용하기보다는 연수를 통해 충분한 동기 부여를 할 수 있는 시간을 갖게 했다. 프로그램도 분화했다. 시민단체 기윤실 대학생 봉사단은 정서적 멘토링을, 항공대 학생들은 학습 멘토링을 실시하면서 아이들의 필요에 맞춘 멘토 서비스를 제공했다.

네트워크

덕양중 교사들은 업무가 상당히 많은 편이다. 계발활동과 창의적 재량활동 시간의 경우, 좋은 교육 콘텐츠를 가진 주체들이 들어온다면 교사들의 부담을 덜어 주면서 교사들이 외부 강사에게 배울 수 있는 기회도 될 것이다.

김삼진 교장은 공모제 교장으로 임용되기 전에 반크, 깨끗한미디어를위한교사운동, 놀이미디어교육센터와 접촉했다. 각 단체들은 나름대로의 사업을 각자의 영역에서 진행하고 있었기 때문에 덕양중에 집중하는 것은 어려운 일이었다. 그러나 공모제 학교의 취지를 설명하면서 동참해 주기를 간곡히 부탁했다. 각 단체는 흔쾌히 동의를 해 주었다.

반크는 외국 친구들과 펜팔을 통해 교류하면서 동시에 한국을 외국인들에게 알리는 역할을 하는 사이버외교사절단이다. 신문과 방송을 통해서 상당히 알려진 단체이다. 덕양중의 사정을 이야기하고 도와줄 것을 요청하자, 반크의 박기태 단장이 직접 2년간 강의를 진행했다. 이러한 반크 활동을 통해 학생들은 자연스럽게 영어와 한국의 역사에 대한 관심을 갖게 되었다.

반크에서 하는 프로그램은 학교에서 직접 기획하는 것이 쉽지 않다.

많은 노하우를 가진 반크의 프로그램이 학교에 접목된다면 학교의 콘텐츠는 더욱 풍성해질 것이다. 덕양중에서는 영어에 흥미를 가진 학생들을 이 프로그램에 참여시켰는데 아이들의 반응은 매우 좋았다. 3학년 다혜는 반크 활동을 통해서 역사 왜곡이 심각한 문제라는 것을 깨닫게 되었다고 말했다.

덕양중에서 반크 활동을 한 학생들을 대상으로 사전사후 조사를 실시한 결과, 영어에 대한 흥미도가 전반적으로 향상된 것을 보여 주었다. 다혜의 이야기에서 볼 수 있듯이 외국인 친구와 펜팔을 하는 과정에서 자신이 왜 영어와 역사를 공부해야 하는가를 자연스럽게 깨달았기 때문이다. 이러한 모습은 일상의 삶과 학습이 연결된 상황학습이 이루어지는 모습을 자연스럽게 보여 준다. 그동안 학습과 일상이 분리된 공부가 얼마나 많았던가? 특목고를 가기 위한 공부, 시험 성적을 올리기 위한 공부, 좋은 대학을 가기 위한 공부를 했다. 즉, 공부를 위한 공부를 한 것이다. 그러나 반크의 활동은 삶을 위한 공부가 어떤 것인가를 보여 주고 있다.

〈반크 활동이 영어학습에 미친 효과〉

설문내용	반크 활동 전			반크 활동 후			효과
	응답	N	%(A)	응답	N	%(B)	B-A
영어 학습에 대한 흥미도	① 아주 재미있었다			① 아주 재미있어졌다	4	10	10
	② 재미있었다	6	15	② 재미있어졌다	16	40	15
	③ 보통이다	24	60	③ 보통이다	20	50	-10
	④ 재미 없었다	4	10	④ 재미없어졌다			-10
	⑤ 아주 재미없었다	6	15	⑤ 아주 재미없어졌다			-15

반크뿐만 아니라 깨끗한미디어를위한교사운동(깨미동)과 놀이미디어교육센터에도 도움을 요청했다. 두 단체 모두 미디어의 역기능을 막는 활동을 하는 곳이다. 덕양중에서는 1년간 수업을 진행했다. 깨미동에서 활동하고 있는 강미화 강사는 아이들을 만나 본 결과 가정에서 방치되어 있는 아이들이 많아서 게임이나 음란물 등에 중독될 가능성이 높기 때문에 아이들의 필요에 맞춘 수업을 하기 위해서 애를 썼다고 했다. 강미화 강사는 집과 덕양중의 거리도 멀고 힘들었지만 아이들이 즐거워하고 미디어를 통해서 창의적으로 표현을 하는 모습을 보니 즐거웠다고 말했다. "아이들이 광고를 분석하는 활동을 하고 발표하는 과정에 적극적으로 참여하는 모습을 보면서 보람을 느꼈다"며 "학교에 오면 아이들에게 하나라도 더 가르쳐 주고 싶은 마음이 들었다"고 한다.

청소년들은 미디어와 대중문화와 밀접한 삶을 살게 된다. 그런 점에서 미디어를 읽고 해석하고 비판하는 능력은 매우 중요하다. 저소득층 청소년의 경우, 텔레비전과 컴퓨터에 방치되는 시간이 많아서 음란물에 노출되거나 게임에 중독될 가능성이 높다. 덕양중 학생들도 부모가 맞벌이인 경우가 많기 때문에 여가의 대부분을 미디어로 소비한다. 미디어의 본질이 무엇이고, 그것이 어떻게 현실을 왜곡시킬 수 있는지, 어떤 내용을 어떻게 받아들여야 하는지, 어떻게 이용할 것인지 등 제대로 된 미디어 수용 및 활용 능력을 길러 내는 교육이 필요했다. 그러나 학교현장에서는 그러한 능력을 길러 줄 수 있는 상황이 되지 않는다. 학교는 교과의 효과성을 높이기 위한 목적으로 미디어를 도구로 활용할 뿐, 그 본질에 대한 교육은 하지 않는다. 강미화 강사는 교사들이 미디어교육에 대해서 관심을 가지고 있지만 자신의 교과를 제대로 가르치는 것도 버거운 상황에서 그 내용을 체계적으로 배워서 적용하는 것은 쉽지 않은 일이라고 말했다. 그런 점에서 교사들이 아이들에게 충분히 해 줄 수 없는 교육을 전문성을 가진 외부 강사나 단체와 함께 실시하는 건 의미가 크다. 일반적으로 외부 자원을 활용하는 것에 대해서 학교는 거부감을 가진다. 가장 큰 이유는 학생들의 필요와 특성을 잘 알지 못하는 그들이 질 높은 수업을 하지 못할 것이라고 보기 때문이다. 하지만 뜻이 있고 나름대로의 전문성과 콘텐츠를 가진 사람

*
2008년부터 2년 동안 반크(사이버외교사절단)의 박기태 단장이 직접 와서 반크반을 운영했다. 계발활동 시간을 통해 외국의 홈페이지에 잘못 소개된 우리나라에 대한 정보를 바로잡으려는 노력도 하고, 외국 친구들과 펜팔 하는 기회도 가질 수 있었다. 자연스럽게 영어와 역사 공부에 대한 관심을 가지게 되는 계기가 되었다.

이라면 학교와 협력하면서 얼마든지 교사와 함께 가르침을 줄 수 있다. 덕양중이 지향하는 것은 닫힌 학교가 아닌 열린 학교 체제로의 전환이다.

학습공동체

덕양중의 특성 중 하나는 매주 목요일에 '교사 자기 계발의 날'을 두고 있다는 점이다. 이날에는 교사들이 5교시만 수업을 한다. 교사들이 연수를 받는 동안 지역의 상담가들이 학교에 와서 학생들을 대상으로 '꿈땅교실'을 연다. 지역 상담가들은 학생들을 대상으로 스포츠 활동이라든지 레크리에이션, 공동체 프로그램, 악기 교습 등 다양한 활동을 책임지고 진행한다. 교사들은 보충수업이나 정규 수업 등의 부담에서 벗어나 마음껏 연수를 받을 수 있다.

덕양중 연수 체제가 다른 학교와 차별화된 것은 일회성 연수가 아닌 연속적인 성격을 가지고 있다는 점이다. 대부분의 학교는 1년에 한두 번 정도 연수를 받는데, 주로 성폭력 예방 교육 등 의례적인 행정 연수이거나 장학사 등을 초빙하여 듣는 연수가 대부분이다. 당연히 연수에 대한 만족도가 높지 않고 형식적으로 이루어지게 된다. 교사들의 자발성이 배제된 보여주기식 연수는 죽은 연수라고 봐도 과언이 아닐 것이다.

덕양중은 애초부터 학교개혁의 동력을 배움에 두었다. 교사들부터 먼저 배우고 학습을 하면, 자연스럽게 자신들 앞에 놓여진 장애를 극복할 수 있는 해법을 논의하게 되고, 그 과정에서 학교의 변화는 나타나게 될 것이라고 보았다. 무엇보다 교사들이 교실 문을 열고 학급운영과 수업에 대한 이야기를 나누는 게 필요했다. 그건 교사들이 서로에게 배우려는 열린 마음을 가져야 가능한 일이었다. 처음부터 교사들에게 강요할 수는 없었다. 우선은 교사들이 배우고 싶어 하거나 관심 있는 주제를 중심으로 연수 프로그램을 짰다. 바쁜 학교 일정 속에서 매주 모여서 학습을 한다는 것은 쉬운 일은 아니었다. 하지만 '교사가 먼저 학습을 해야 한다'는 대의명분에 대해서 누구도 반대하지는 않았다.

덕양중 연수는 한 가지 주제에 대해서 교사들이 깊이 있는 학습을 하는 것을 지향했다. '맛보기식' 강의에 그쳤던 기존의 연수 틀과는 상당히 다른 것이다. 한 학기 동안 협동학습과 미디어교육 두 가지 주제에 집중했을 때는 협동학습을 잘하는 교사들을 6명 이상 초빙하여 지속적으로 강의를 듣게 해서 연수의 심도를 높였다.

교사들은 이러한 연수 시스템에 대해서 상당히 만족했다. 교사들은 연수에서 배운 내용을 나름대로 적용하기 위해서 애를 쓰는 모습을 보이기 시작했다. 국어교사 두 분은 협동학습을 주제로 함께 자료를 공유하며 수업에 적용하기도 했다. 연수에 참여했던 강사들의 도움을 받으면서 학교 특성에 맞는 방법을 적용하기 시작했고, 아이들이 열심히 하는 모습을 보면서 더욱 자극을 받게 되었다. 그동안 협동학습에 대해서 책을 통해 이론으로 접하기는 했지만 구체적으로 어떻게 적용할 것인지는 몸으로 배워 본 적이 없는 교사들이 많았다. 현장 교사를 중심으로 구성된 협동학습 강사들은 실습 위주로 연수를 구성하고, 자신의 경험을 구체적으로 전달했다. 이 과정에서 교사들은 자신도 한번

매주 목요일은 5교시만 하고 아이들을 귀가시킨 후 교사들이 배움의
시간을 갖는다. 배움을 통해 수업방법과 학급운영에 대한 새로운 정
보를 얻기도 하고, 자신을 성찰하는 기회를 갖기도 한다.

해 보고 싶다는 자극을 받았다. 무엇보다 동교과 교사들이 협동학습을
주제로 함께 대화를 나누기 시작했다. 개별화돼 있는 교직 문화가 서
서히 학습공동체로 전환되기 시작한 것이다.

    김정숙 교사는 협동학습에 대한 연속 강좌를 들은 이후 자신의 수업
이 어떻게 바뀌었는지 다음과 같이 설명했다.

    그동안 협동학습을 적용해 본 적은 있지만 그건 흉내만 내는 수준이었습니다.

내용은 없고 방법만 가지고 해 본 셈이죠. 협동학습 연수는 매우 좋았어요. 신선했습니다. 연수를 통해서 자극을 많이 받았습니다. 책만 봐서는 모르는 것들을 연수를 통해 실습을 하면서 배우니까 감이 잡혔습니다. 수업이 덜 힘들어졌고 아이들도 매우 좋아했어요. 3학년 아이들은 희곡 〈시집가는 날〉을 가지고 UCC 동영상을 만들었는데 교과서 내용을 재구성했어요. 아이들이 직접 연기를 하고 무비메이커 프로그램을 이용해 작품을 만들었습니다. 3학년은 수작이 나왔죠. 감동이었습니다. **김정숙 교사**

연수 이후 교사들은 변화를 시도하기 시작했다. 현장에서 이미 실천

*
연수가 없는 목요일에는 교사들끼리 모여 자체적인 연구모임을 갖는다. 수업에서 부딪히는 어려움과 고민, 아이들의 반응에 대해 활발하게 토의하며 배움의 시간을 가진다. 교사들 사이의 대화와 소통은 덕양중을 움직이는 가장 중요한 힘이다.

하고 있는 교사들의 모습을 보면서 자극을 받았고, 그들이 했다면 자신도 할 수 있다는 자신감이 바탕이 되었기 때문에 가능한 것이었다.

김재범 교사는 이런 연수를 통해서 자신의 수업이 풍요로워지고 교사들 사이에 정이 생기기 시작했다고 말했다. 윤진수 교사는 연수 프로그램이 교사들의 자발성을 기반으로 이루어졌기 때문에 성과가 좋았다고 평가했다. 왜 이런 연수가 필요한지 교사들이 충분히 이해하고 동의했기 때문에 적극적으로 참여했다. 비록 제안은 교장이 했지만 그것을 할 것인가 말 것인가 판단하는 것은 교사들의 몫으로 남겨 주었다. 매주 두세 시간씩 연수를 받는 것이 쉽지 않았지만 교사들은 열심히 연수에 참여하면서 배운 것을 수업에 적용했다. 김하정 교사는 협동학습을 수업에 적용하면서 많은 변화를 가져왔고 이후에는 연수가 기다려졌다고 말했다.

'기다려지는 연수'가 의미하는 것은 무엇인가? 교사들에게 스스로 성장하고 싶어 하는 욕구가 내재해 있음을 말해 주는 것이다. 동시에 자신들의 교육 행위에 대해서 성찰하며 문제점을 발견하고 새로운 해법을 찾아야겠다는 동기가 작동하고 있는 것이다.

연수를 진행하면서 가장 어려웠던 점은 물리적으로 시간이 부족하다는 것이었다. 일이 몰리는 주간에도 교사들은 일손을 놓고 연수를 받아야 했다. 교사들의 불만이 조금씩 생기기도 했다. 이경탁 교사는 일이 바쁜데 연수를 받아야 할 때는 마음이 조급해졌다고 한다. 어쩌다가 연수를 안 받는 날에는 속으로 "와! 어서 일하자" 싶었다고 한다. 속도 조절이 필요한데 쉬지 않고 달렸다면서 아쉬워했다.

이러한 문제점을 극복하기 위해서는 2년 차부터는 연수와 동아리 활동, 독서 토론 활동 등을 병행하면서 연수 과정에 여유를 두고 융통성 있게 운영했다. 또한, 외부 전문가들의 강의에 의존하던 연수 방식에서 탈피하여 교사 스스로 학습을 하고, 수업과 삶에 대해서 이야기하고 나누는 방식으로 점차 바꾸어 가기 시작했다. 이러한 분위기가 무르익자, 외부 강사 연수보다는 자체 모임이 더 활성화되었다. 이 시간들은 교사들 사이이 소통을 풍성하게 만들었다. 학습공동체가 지향하는 교사 상호 간의 배움과 소통이 일어나기 시작한 것이다.

참여와 소통

덕양중은 참여와 소통을 중시한다. 김삼진 교장은 학교에 부임하면서 TF팀과 논의를 통해 "이런저런 일을 벌이기보다는 교사들의 어려움과 수고를 먼저 헤아리는 교장"이 될 것을 주문받았다.

공모제 교장은 자신이 공모를 하면서 내세웠던 학교운영계획서를 반드시 실천해야 한다. 그러나 교사들과 그 내용을 충분히 공유했다고 보기 어렵다. 김삼진 교장은 학기 초에 전 교사를 모아 놓고, 자신의 운영계획서를 내놓고 함께 대토론회를 열었다. 그 과정에서 일부 계획을 포기했고, 일부 계획은 수정해야만 했다. 그러한 토론과 논의의 과정에서 일부 내용들은 합의를 도출할 수 있었다. 예컨대, 매주 목요일 오후에 하는 연수 과정을 교장이 일방적으로 지정하여 밀어붙이면 교사들의 자발성은 죽고 만다. 그는 연수를 할 것인가 말 것인가, 한다면 어떤 방식으로 어떤 주제를 가지고 할 것인가에 대해서 교사들에게 일

임했다. 그런 과정에서 교사들은 연수를 스스로 기획하게 되면서 연수의 객체가 아닌 주체가 되었다. 김삼진 교장은 공감대 형성이 중요하다고 말한다. 어떤 일을 추진할 때, 그것이 왜 중요하고, 어떤 의미가 있는가에 대해서 충분히 공유하고 토론하되, 결정된 사안에 대해서는 반드시 책임지고 실천하는 과정이 중요하다고 보았다.

그러한 토론의 과정을 통해서 선정된 것이 '교사연수의 날' '멘토링' '외부 자원의 학교 프로그램 개설'이었다. 교사들의 부담이 있는 상황에서도 그러한 활동들이 시작될 수 있었던 것은 토론과 논의를 통해 합의하는 과정이 있었기 때문이다.

기존의 학교와 다른 점은 의사소통 구조가 열려 있다는 점입니다. 제가 지금까지 경험한 학교는 교장이 교장실에 갇혀 있어서 특별한 창구를 통해서 교장과 접촉을 해 왔죠. 그러나 김삼진 교장 선생님은 공식적으로 대화를 나누려는 시도를 했습니다. 그런 면이 좋았습니다. 물론 지금 당장 학교에 큰 변화가 일어나지는 않겠지요. 저는 서로 간의 신뢰가 중요하다고 생각해요. 관리자와 교사들 사이의 신뢰가 첫째지요. 교사들의 의견을 수용하고 이해하려는 모습이 관리자에게 나타났다는 점은 큰 변화라고 생각해요. **윤진수 교사**

이러한 소통의 모습은 학부모와 교사 사이에서도 나타난다. 김삼진 교장은 한 달에 한 번씩 훈화를 한다. 그 내용은 '덕양중 학생들에게 고함'이라는 제목으로 학생들에게 복사를 해서 나누어 준다. 한 학부모는 김삼진 교장의 글을 읽고 메일을 보내기도 했다.

안녕하세요. 1학년 엄마입니다. 고함 1, 2를 읽고 마음을 한번 더 일깨워 주는 글귀에 휴지통에 쉽게 버리지 못하고, 항상 보는 노트에 끼워 가끔 꺼내 보려 합니다. 이걸 아이한테 받아서 읽다 보면 좋은 책 한 권을 읽은 기분이 듭니다. 받을 때마다 이번에는 무슨 내용이 들어 있을까 하고 생각합니다. 선생님, 아이 엄마로서 고민이 있습니다. 아이가 중학생이 되다 보니 신체적으로 성숙한 모습이 대견하기도 하지만, 아이와 대화하는 게 많이 힘이 듭니다. 서로 배려하고 미소 한번 지어 주고 격려해 주고, 하루하루 사랑으로 아이와 지내고 싶은데 마음처럼 되지 않아 침울합니다. 가끔 아이에게 너는 청개구리니 하고 야단을 치기도 하지요. 화도 나고 대화가 생각처럼 쉽지 않습니다. 기회가 되신다면 고함에 아이와 부모 관계에 대한 좋은 일화를 한번쯤 다뤄 주신다면 감사하게 읽겠습니다. 제가 글을 쓰고도 이런 글을 올려도 되는지 마음의 갈등이 좀 생깁니다. 좋은 글 감사합니다. 안녕히 계세요.

2008년도 9월경부터 학부모 저녁 모임을 진행했다. 소통하는 학교를 만들겠다는 애초의 약속을 지키기 위함이었다. 낮에 일을 하는 학부모가 많은 상황을 감안하여 담임과 학부모와의 만남을 저녁때 갖게 하고 학부모를 위한 활동과 강의 프로그램을 운영했다. 학부모들끼리 함께 식사도 할 수 있게 했다. 이러한 활동은 학교와 학부모 사이의 소통을 강화하고 참여를 이끌어 내기 위한 목적으로 운영한 것이다. 1학년 지윤이 어머니는 저녁에 행사를 해서 아버지들도 올 수 있었고, 학부모들에게 필요한 강의가 적절하게 배치되어 호응도가 아주 좋았다면서 만족해했다.

학교를 바꾸다 – 교장공모제 학교 2년의 기록

교장과 학생 사이의 벽을 허물기 위해서도 노력했다. 교장의 이메일을 학생들에게 직접 알려주고, 학생들과 같이 탁구를 즐기고, 직접 건의 사항을 받기도 했다. 학생들은 방과후활동에 농구반을 만들어 달라는 요청을 김삼진 교장에게 이메일로 직접 했고, 결국 농구반이 만들어졌다.

이러한 참여와 소통은 지역사회나 시민단체와의 관계에서도 중시하고 있다. 덕양중은 많은 단체와 협약해서 다양한 활동을 진행했다. 반크, 덕양보건소, 고양시청소년수련관, 경기청소년봉사센터, 좋은교사운동, 항공대학교, 사교육걱정없는세상 등이 그런 예다. 교장이 네트워크의 중심에 서 있고 이를 통해 지역사회와 학교가 소통을 하고 있다.

참여와 소통이 생각처럼 쉬운 것은 아니다. 우선은 학부모들이 학교 일에 여력을 많이 쏟을 수 있는 형편이 되지 않는다. 학교에서 이런저

＊
낮에 일하는 학부모들을 위해 저녁 시간에 학부모 아카데미를 운영했다. 저녁에 행사를 해서 아버지들도 올 수 있었고, 학부모들에게 필요한 강의가 적절하게 배치되어 호응이 좋았다.

런 시도를 해도 학부모들에게 잘 전달이 안 되는 경우가 많았다. 경제적 형편이 좋은 지역이 아닌 만큼 학부모들의 관심이나 지원이 높은 편은 아니다.

구성원들 사이에서 교육관과 가치관의 대립이 드러나기도 했다. 종교 문제가 대표적인 예이다. 김삼진 교장은 삶의 본질이 무너진 학생들이 많다고 봤고, 그런 학생들에게 종교가 도움을 줄 수 있겠다는 생각을 했다. "우리 학교 아이들의 경우, 일반적인 상담으로 변화가 쉽지 않습니다. 영적인 문제, 죽음의 문제까지 아이들에게 통찰할 수 있도록 한다면 삶에 변화가 올 것입니다. 그런 점에서 교회 목사님들 중에서도 상담 훈련이 된 분이라면 우리 학교의 자원으로 얼마든지 활용할 수 있지 않을까요?" 김삼진 교장의 의견에 몇몇 교사들은 반대 의견을 폈다. "우리 학교는 공립학교입니다. 종교적인 중립성이 필요하다고 봐요. 목사님들이 직접 학교 일에 관여하는 것은 바람직하지 않습니다." 그전에도 일부 학교 프로그램을 지역 교회 관계자들의 도움을 받아서 진행을 한 적이 있다. 그러나 몇몇 교사들은 공립학교에서 종교 문제는 신중할 필요가 있다는 입장을 견지했다. 이러한 갈등은 1년이 지난 후 교사와 교장 간 대토론회 과정을 통해서 지역 교회 인사들의 비중을 축소하는 것으로 결정되면서 해결의 실마리를 찾았다.

소통의 문제는 학교에 인조 잔디장을 설치하는 데서도 나타났다. 지역교육청에서 예산을 지원해 줄 테니 인조 잔디구장을 만들어 보라는 제안을 했다. 교장으로서는 당연히 매력적인 제안이었고 흔쾌히 승낙을 했다. 그러나 체육교사를 비롯하여 몇몇 교사들은 반대를 했다. 가장 큰 이유는 인조 잔디구장에서 유해 물질이 검출될 가능성이 있다는 것이었다. 교장으로서는 인조 잔디구장을 잘만 만들면 학생들에게도 유익하고 학교의 자랑거리가 될 수도 있다고 생각했다. 이를 둘러싸고 몇 차례의 논의 과정이 있었다. 김삼진 교장은 인조 잔디구장을 설치해야겠다고 마음을 먹고 교사들에게 양해를 구했다. 당시 적지 않은 교사들이 김삼진 교장에게 실망을 했다. 교사들이 반대를 하는데도 결국 교장의 뜻대로 일이 처리되는 것을 보면서 섭섭한 감정이 든 것이다.

인조 잔디구장을 만들면서 김삼진 교장은 방학을 반납하고 학교에서 운동장 공사를 진두지휘했다. 무엇보다 유해 물질이 검출되지 않게 하기 위해서 애를 많이 썼다. 그러나 중간에 점검을 해 본 결과 유해 물질이 검출되었다. 공사 관계자를 불러서 다시 설비해 줄 것을 요구했고 재시공에 들어갔다. 이후 지역의 환경시민단체와 연합해서 공동으로 유해 물질 테스트를 실시하여 무해하다는 판정을 얻어 냈다. 지역 언론에서도 안전한 인조 잔디구장을 만든 모범 사례로 소개되기도 했다.

그 사건은 잘 마무리되기는 했지만 '서로의 가치판단이 다른 경우 그것을 어떻게 해결할 것인가' 라는 어려운 과제를 남겼다. 모든 일을 교사들과 합의해서 처리할 수 있을 것인가? 그것은 가장 이상적인 방법이기는 하지만 현실적으로는 많은 어려움이 있다. 교사들의 요구를 반영하는 것도 중요하지만 때론 교장의 리더십이 필요한 경우도 있다.

여기서 중요한 것은 토론하는 과정 자체가 감정을 정화시키는 효과를 가져온다는 것이다. 토론을 통해서 교장과 교사들은 서로의 입장을 이해하면서 어느 정도 절충점을 찾게 된다. 첫 번째 사례의 경우, 목사님들이 주도하던 프로그램을 교사들의 몫으로 찾아왔다는 것에 주목할 필요가 있다. 두 번째 인조 잔디구장 사례의 경우, 교장은 교사들이 우려하고 있는 지점을 해결하기 위해서 많은 노력을 기울였다. 문제를 해결하고 대안을 찾기 위해 서로가 노력한다면 어느 정도 타협을 볼 수 있는 지점이 생길 수 있다. 단, 그러한 대안이 구체화되기 위해서는 누군가의 헌신과 노력이 뒤따라야 한다.

즐거운 학교, 재미있는 수업

덕양중은 즐거운 학교, 재미있는 수업을 표방했다. 일반적으로 학교는 즐거운 공간이라기보다는 '억지로 가는 공간'으로 인식된다. 주말이 지난 월요일이라든지, 방학이 끝난 후 개학날 교사와 학생들의 표정은 그리 밝지 않다. 학교는 미래의 행복을 위해서 현재의 고통을 감내해야 하는 공간일 뿐이다. 대표적인 예가 고3 생활일 것이다. 수능 시험일 하루를 위해서 다른 날은 고통스럽게, 힘겹게 보낼 수밖에 없다. 덕양중에서 즐거운 학교와 재미있는 수업을 표방한 것은 학교가 배움의 기쁨으로 충만한 공간이 되어야 한다는 생각에서다.

학교에는 학생들의 흥미와 적성을 충분히 반영한 프로그램이 있어야 한다. 덕양중은 먼저 수업과 학급운영을 개선하기 위한 노력의 일환으로 그 주제와 관련된 연수를 진행했다. '협동학습 학급운영' 연수도 그런 일환이었다. 협동학습은 기법이라기보다는 철학의 문제이다.

교육을 바라보는 관점이 바뀌지 않으면 협동학습을 가장한 '경쟁학습'이 교실에서 행해질 수 있다. 그런 맥락에서 협동학습의 철학과 정신이 내면화된 학급운영이 어떤 것인가에 대해서 덕양중 교사들은 배우고자 했다. 이 연수에서 강사는 "가르침이란 ＿＿＿＿ 이다. 왜냐하면 ＿＿＿＿ 때문이다" 라는 제시문을 주고 교사들이 빈칸을 채우게 했다. 그리고 그 종이를 구긴 다음에 남녀로 교사들을 나누어 상대방에게 던지는 종이 눈싸움을 하게 했다. 그리고 자신이 받은 종이의 내용을 발표하고 함께 생각해 보는 시간을 가졌다. 이런 연수는 실제 교실에서 당장 적용할 수 있도록 실습 위주로 구성했다.

학생과 교사가 불필요하게 충돌하게 만드는 교칙도 개정했다. 대부분의 학교에서는 복장과 두발 문제로 아침부터 아이들과 갈등을 겪게 된다. 덕양중은 학생회가 주관하여 두발 자유화를 실시했다. 다만, 염색은 하지 않는 것으로 합의를 했다.

다양한 교육 프로그램도 만들었다. 꿈땅교실, 장애인 체험의 날, 학부모 행사의 밤, 국립암센터 방문 등은 공모제가 실시된 이후 적용된 프로그램의 일부이다. 아이들이 원하는 밴드부 등도 방과후학교에 신설되었다. 아이들에게 풍부한 문화적 체험을 제공해 주고 다양한 활동 속에서 아이들이 살아 있는 지식을 얻게 하려는 의도였다.

이러한 분위기 속에서 징계 건수가 대폭 줄었다. 2007년만 해도 징계 건수가 22건이었으나 김삼진 교장 부임 이후로 1건밖에 발생하지 않았다. 학교 폭력이 거의 없어졌다는 이야기이다. 아이들의 공동체성이 더욱 강화되고 있는 것으로도 볼 수 있다.

그러나 학업성취도에 관한 고민은 여전히 남아 있다. 재미있고 즐거운 수업을 했다고 아이들의 학업성취도가 금방 높아지는 것은 아니기 때문이다. 워낙 아이들의 기초학력이 떨어져 있는데다 이미 학습에 흥미를 잃은 학생들이 많기 때문에 전국 평균 수준에 도달하는 데에도 상당한 시간이 걸릴 것이다. 김영식 교사는 학습에 흥미를 잃어버린 아이들에게 학습이 본래 지겨운 것이 아니라는 인식을 심어 주는 것이 중요하다고 보고 있다. 사회교사인 그는 문제풀이식 수업을 하고 아이들을 남게 해서 강제로 교육시키는 방식은 단기적인 성과를 낼 수 있지만 수업의 질을 개선하는 데에 초점을 맞추는 것이 더욱 중요하다는 생각을 가지고 있었다.

3년 차부터는 독서와 교과를 연계시키기로 했다. 문화 자본이 빈약한 아이들에게 독서는 그들의 삶을 살찌우는 필수 영양소가 될 것이라고 봤기 때문이다. 아울러, 아이들 한 명 한 명의 특성을 잘 정리한 형태의 '행복한 성적표'를 만들어 보내려고 한다.

대다수의 학교는 입시 성과를 단기적으로 내서 학부모들과 지역 주민들에게 주목을 받기를 원한다. 그러나 덕양중은 그런 방식보다는 더디더라도 수업과 평가의 본질을 회복하는 데 중점을 두고 있다. 이러한 실험들이 덕양중 학생들의 학업성취도에 어떤 영향을 미치게 될지는 조금 더 지켜봐야 할 듯싶다.

* 덕양중 풍물패 들소리는 고양시에서 손꼽히는 풍물 동아리이다. 고양시에서 주최한 대회에서 최우수상을 타기도 했다. 풍물패 상쇠였던 재열이는 국악을 공부하기 위해 전주예고에 진학했다.

변화 그리고 그것을 가능하게 만든 것들

덕양중은 작은 학교로서의 장점을 가지고 있었지만 그러한 장점을 제대로 살리지 못한 채 정체되어 가고 있었다. 그러나 공모제 이후에 적지 않은 변화가 나타났다. 김하정 교사는 교사들의 의욕과 열의가 높아졌고 침체된 분위기에서 의욕이 넘치는 분위기로 전환되었다고 말한다. 교무부장인 김정숙 교사는 학교 내에서 갈등이 거의 없어졌다면서, 몸은 힘들지만 인간적으로 친밀한 관계 속에서 학교 분위기가 유쾌해졌다고 말했다.

> 첫 월급을 타서 치즈 케이크를 사 가지고 교무실에서 선생님들과 함께 나누어 먹었어요. 교감 선생님께서는 교무실 칠판에 "축, 주숙현 선생님 첫 월급"이라고 적어 놓으셨죠. 가족 같은 분위기라고 생각해요. 이런 데서 근무하는 것은 행운인 거죠. 몸은 힘들지만 맘은 참 편안한 그런 분위기가 있어요. **주숙현 교사**

학교 안에서 다양한 시도가 이루어지면서 교사들은 학교가 변하고 있다는 것을 실감하게 되었다. 여러 언론 매체에서 덕양중에 관해 보도했고 경기도교육청에서 의욕적으로 추진하는 혁신학교에도 지정되었다. 최근에는 덕양중에 관심을 가지고 있는 몇몇 연구자들이 학교를 방문하기도 했다. 매체 보도 이후, 덕양중에 전학 보내려면 어떻게 해야 하느냐는 문의 전화도 부쩍 늘었다. 덕양중 배정을 받고 다른 학교로 전학을 갔던 아이들도 학교에 관한 평판이 좋아지자 다시 덕양중으로 전입했다.

학생들의 반응은 어떠할까? 공모제 도입 전과 후 상황을 몸소 경험한 3학년 아이들 43명 대상으로 2010년 2월경에 설문 조사를 실시했다. 분석한 결과, 김삼진 교장 취임 이후 학교가 "매우 많이 좋아졌다"에 26명(56.16%), "약간 좋아졌다"에 12명(27.90%)이 응답했다. 84.06%의 학생들이 "학교가 좋아졌다"고 응답한 셈이다. 반면 "그저 그렇다"는 4명(9.4%), "안 좋아졌다"는 1명(2.17%)에 불과했다.

학부모들의 반응 역시 좋았다. 학부모들의 관심도가 낮은 편이어서 세세한 반응을 알 수는 없었지만, 학부모 임원인 지윤이 어머니는 "선생님들이 노력하는 모습이 눈에 보인다"며 "서울로 중학교를 보내려다 아이의 반대 때문에 어쩔 수 없이 덕양중에 보냈지만 지금은 전혀 후회하지 않는다"고 말했다. 이경탁 교사는 학교 전반에 변화가 나타난 이유를 교장공모제가 갖는 장점에서 찾았다. 공모제 교장은 적어도 자신이 학교를 어떻게 운영할 것인가에 대한 계획을 가지고 오기 때문에 학교의 변화를 만들어 낼 여지가 크다고 보는 것이다.

그러한 긍정적인 변화를 가능하게 만든 원인들은 무엇일까? 나는 다음과 같이 분석했다.

첫째, 4년을 중심으로 짜여진 학교 비전 보고서가 제시되어 있다는 점이다. 일반적으로 대부분 학교의 학교운영계획서는 1년 단위로 짜여져 있으며, 그 내용도 일부 부장 교사들에 의해서 작성되는 경우가 많다. 그러나 덕양중은 공모 당시에 제출한 운영계획서에서 학교 비전을 4년에 걸쳐서 제시해 놓았다. 여기에는 각 연차에 어떤 일을 수행할 것인가가 제시되어 있다. 그러한 계획 속에서 1년의 학교운영계획서가 만들어진다. 이러한 비전 보고서를 중심으로 교사들은 논의를 하고, 그렇게 합의된 내용을 실천한다. 그 논의 과정을 바탕으로 교사들은 자신들이 어떤 일에 역점을 두어야 하는지 알고 행동을 하게 된다. 1년이 마무리되어 가는 시점에 김삼진 교장은 다음 해에 실시될 계획을 교사들에게 제시한다. 교사들은 치열한 토론을 통해서 수정하거나 보완할 내용을 논의하게 된다.

둘째는 학교운영에 대해서 교장과 함께 토론을 하고, 조언과 평가, 컨설팅을 함께 해 주는 별도의 자문기구인 TF팀을 효율적으로 활용하고 있다는 점이다. 이들은 김삼진 교장이 공모를 할 때부터 함께해 왔으며 학교운영계획서 작성에 함께 참여했다. TF팀은 덕양중을 객관적으로 진단해 주고, 학교의 방향에 대해서 조언을 해 준다. 그 내용을 토대로 교장은 교직원들과 함께 토론을 거치고 결정된 내용을 이행하게 된다. 주어진 업무가 너무 많아 학교의 발전 방향에 대해서는 깊이 있게 고민하지 못하는 대부분의 학교와는 차별화된 모습이다. TF팀은 마치 코트에 있는 운동선수보다 코트 밖의 코치가 전체를 잘 파악하는 것과 같은 역할을 한다. 공모제 선정 이듬해, TF팀에 있는 교사들 2명이 덕양중으로 발령을 받아 오기도 했다.

셋째는 교장이 솔선수범하는 리더십을 보여 주고 있다는 점이다. 학생과 학부모에게 자신의 이메일을 직접 알리고 의견을 수렴하여 학교운영에 반영하는 점이라든지 직접 학생들과 운동을 하며 어울리는 모습이라든지 학교에 도움을 줄 수 있는 기관과 단체, 조직을 찾아다니면서 협력 체제를 갖춘 점이라든지 공개수업을 직접 교장이 하는 모습

＊
2009년 4월, 2박 3일 동안
전교생이 수련회를 다녀왔다.
마지막 날 밤 자신들이 가진
끼를 마음껏 자랑하는 시간을
가졌다.

은 교장실에서 결재만 하는 위임형 리더십과는 다른 리더십을 보여 주
고 있다.

넷째는 작은 학교의 특성이 잘 살아나고 있다는 점이다. 면담을 한
학생들은 서로가 서로에 대해서 잘 알고 있다고 말을 했다. 동시에, 교
감과 교장, 교사는 대체적으로 학생들의 특성에 대해서 잘 파악하고
있었다. 이러한 점이 덕양중을 비록 학업성취도가 높지는 않지만 학교
폭력이나 따돌림이 없는 학교로 만들고 있다. 학교가 작다고 무조건

질 높은 교육을 담보할 수 있는 것은 아니다. 덕양중의 경우도 교장공모제가 도입되기 전에는 학교 폭력 등의 문제가 많이 발생했음에 주목할 필요가 있다. 작은 학교의 특색을 살리기 위한 교사들의 노력과 교장의 적절한 리더십이 뒷받침될 때 그 장점이 극대화되는 것이다.

다섯째는 의사 결정 과정에서 교사 간 합의를 이끌고 있다는 점이다. 덕양중 교사들은 교장이 비전 보고서에 의거해서 제시한 내용을 일방적으로 수용하지는 않았다. 때로는 비판을 했고, 때로는 수정 보완을 하면서 대안을 제시했다. 예를 들어 학생들이 직접 생활규정을 개정하게 했을 때 일부 교사들은 찬성을 했고 일부 교사들은 현실적인 어려움을 들어 반대했다. 그러면서 우선 현재의 생활규정에 대해서 공

※
학년별로 국립암센터를 다녀왔다. 담배의 유혹에 빠지는 상황을
만화로 그려 보며 즐겁게 금연교육을 받았다.

학교를 바꾸다 – 교장공모제 학교 2년의 기록

유하고, 무엇이 문제인지 합의점을 찾고 이후 학생회를 중심으로 토론 시간을 갖기도 했다. 학생회는 아이들의 의견을 수렴하여 안을 제안했다. 학교에서는 학생회 기 살려 주기 차원에서 그 내용을 전격 수용했다. 언제까지 학생들과 두발 문제를 가지고 씨름할 것인가에 대해서도 논의했다. 이런 과정을 통해서 생활규정을 개정하면서 두발 자율화를 이끌어 냈다. 염색이나 파마는 금지했지만 머리 길이는 아이들이 원하는 대로 기를 수 있게 했다. 학생부장인 이병주 교사는 생활규정 개정 이후 교사와 학생 사이의 불필요한 갈등이 줄어들었다는 점에서 전반적으로 만족스러워했다.

여섯째, 학교 밖의 적절한 자원 활용을 통해서 학교의 교육력을 향상시켰다. 작은 학교는 학생 수가 적은 만큼 교사 수도 적다. 교사들은 3개 학년 수업 준비를 다 해야 한다. 큰 학교에서는 70~80명이 하는 업무를 덕양중에서는 10여 명의 교사들이 다 감당해야 한다. 이런 상황에서 교사들은 새로운 실험을 하기 어렵다. 이러한 한계점을 잘 알았기에 덕양중은 네트워크를 강조했다. 덕양중이 외부에 많이 알려지게 된 것도 적절한 네트워크를 통해서 학교의 교육력을 끌어올렸기 때문이다. 교육에 열망을 가진 단체와 개인을 발굴해서 덕양중이라는 공간에서 그들의 능력이 꽃피울 수 있도록 허브 역할을 학교가 자임한 것이다. 엄청난 예산이 소모되는 것도 아니었다. 학교와 교사가 모든 것을 다 끌어안을 필요는 없다. 아이들의 필요에 답할 수 있는 적절한 자원을 발굴하고, 그들이 활동할 수 있는 교육적 공간을 만드는 것. 바로 학교가 해야 할 중요한 일 중 하나이다.

새롭게 시도되는 것들

첫해에는 함께 호흡을 맞출 수 있는 교사들이 없는 상황에서 공모제 교장 혼자서 학교를 이끌어 가야 했다. 2년 차에는 덕양중 TF팀에서 김삼진 교장을 돕던 2명의 교사가 덕양중에 합류했다. TF팀은 아니지만 김삼진 교장과 같은 모임에서 활동을 하던 교사 2명도 함께하게 되었다. TF팀은 공모제 이후 1년을 평가하면서 2년 차 계획을 세웠다. 그 내용을 연말에 교사들에게 제시했다.

덕양중 교사들은 함께 모여서 1년 차 활동에 대해서 평가를 하고, 다음 해 계획을 함께 수립했다. 이를 위해 두 번의 과정이 있었다. 연말에는 덕양중 교사 간 논의가 있었고, 새로운 교사들이 온 후 2월 말에 새 학년 방향에 대해서 공동 토론을 했다. 이 과정에서 교사들은 허심탄회하게 각자 느낀 문제점과 대안에 대해서 이야기했다. 그러한 논의를 통해서 다음 학기 계획을 정교하게 세워 나갔다.

덕양중에서는 3월에 교사들이 가정방문을 한다. 가정방문은 담임이 아이들과 소중한 만남을 이어 갈 수 있는 장치가 될 수 있고, 아이들에게 어떤 도움이 필요한지 발견하여 학습, 정서, 경제적 면에서 지원을 해 줄 수 있다. 특히, 학습 결손이 심한 아이들을 진단하고 그에 맞는 해법을 모색하는 데 유용하다.

교과의 특성을 살려서 수행평가 비중을 높이려고 시도하기도 했다. 중간고사를 보지 않고, 수행평가 비중을 50% 이상으로 늘렸다. 블록형 수업을 희망하는 교사가 있으면 과감하게 지원을 아끼지 않으려고 했다. 1년 차에는 주로 외부 강사를 불러서 연수를 운영했다면, 2년 차

*
2009년 10월, 원당종합사회복지관에서 안전한 먹을거리에 대한
교육을 하기 위해 학교를 방문했다. 우리 농산물로 만든 떡케이크
도 먹고 먹을거리 안전에 대한 퀴즈도 풀었다.

에는 외부 강사 비중을 낮추고, 교사들 스스로 자신의 수업과 학급운
영에 대해서 공개하고, 문제점을 발견하고, 함께 토론하는 시간을 갖
고자 했다. 3년 차부터는 배움의 공동체 운동을 표방했다.

평가 영역에서도 작은 학교의 장점을 더욱 살리려고 했다. 지금까지
덕양중이 네트워크와 학습공동체를 통해서 내실을 다졌다면, 본격적
으로 도전해야 할 과제는 질 높은 수업과 평가라고 보고 있다. 교사들
스스로가 교과 특성을 살리는 교육과정을 기획해야 함을 의미하기도
한다. 결과와 석차로 표현되는 형식적인 성적표가 아닌 과정이 살아
있고 피드백이 있는 성적표를 만들어 내는 것도 숙제다. 학생과 학부
모가 행복해 할 수 있는 성적표를 고민하고 있다. 이러한 것이 이루어

2009년에 덕양중에도 특수학급
이 생겼다. 특수학급의 이름을
짓기 위해 고민을 하던 중 특수
학급 이름만 특별하게 하지 말
고 전 학급의 이름을 통일시키
자는 의견이 나왔다. 1학년은 한
국 토종 물고기 이름을 따서 쉬
리반, 갈겨니반, 버들치반, 2학
년은 한국 토종새 이름을 따서
후투티반, 호반새반, 3학년은 한
국 토종 소나무의 이름을 따서
금강송반, 백송반으로 짓게 되었
다. 특수학급인 버들치반이 체험
활동을 하고 있다. 왼쪽 위부터
시계 방향으로 생태체험, 도예,
요리, 난타.

지려면 교사 지원 체계가 확실하게 갖추어져야 한다.

교장공모제 학교 2년의 숙제

올해로 덕양중에서 공모제를 시행한 지 3년째에 접어들었다. 학교에 대한 평가는 아직 이르지만 현재 시점에서 덕양중이 가지고 있는 한계가 무엇인지 짚어 보았다.

가장 큰 한계는 공모제 교장이 제시한 학교운영계획서에 대해서 교사들이 얼마나 충분히 동의를 하느냐의 문제이다. 특히 첫해에는 교장과 함께 학교개혁을 추진할 수 있는 교사들이 없는 상태에서 교장 혼자 학교운영계획서를 이행해야 하는 어려움이 있었다. 또한, 교장이

2009년 4월. 과학의 날 행사에 참여해서 만든 고무동력기를 날리는 아이들.

추구하는 계획과 교사들이 생각하는 방향이 일치하지 않을 가능성도 높다. 이때 교장과 교사의 주도성을 어느 정도로 설정할 것인가가 문제가 된다. 교장이 제시한 운영계획서를 교사들에게 일방적인 강요할 수는 없다. 교장의 일방적인 강요에 의해 학교가 운영된다면 교사들은 겉으로는 따르는 척하겠지만 열매를 맺기 힘들 것이다. 교사의 마음이 실리지 않은 교육은 생명력이 상실되기 때문이다.

둘째, 덕양중의 교사 수는 적은데 처리해야 할 업무 분량은 기존의 학교와 동일하다는 점이다. 일반 학교에서 흔히 지켜지는 1인 1업무 분장 체계가 거의 이루어지지 않고 있다. 교사 한 명이 서너 개의 업무 분장을 맡고 있다. 이런 상황에서 교사들이 새로운 시도를 하는 것은 힘겨울 수밖에 없다. 교사들의 잡무를 덜기 위해 전결 사항을 늘린다든지, 메신저 활용을 높이는 등의 노력을 해 왔지만 많은 한계를 가지고 있다. 수업과 학급운영에 최대한 집중할 수 있는 구조를 학교 안에서 만드는 것은 여전히 힘든 과제다. 교장, 교감이 특정 분야에 대한 공문을 직접 처리한다든지 전자 결재를 활성화하는 등의 해법을 찾고 직무 분석을 통해 업무 경감 대책을 논의할 필요가 있다. 3년 차부터는 교사들이 수업에 더욱 집중할 수 있는 행정 시스템 구축에 총력을 기울이고 있다. 교감을 중심으로 보직교사와 일부 비담임 교사, 행정 보조 인력들이 별도의 팀을 꾸리고, 이 팀이 행정 업무의 상당량을 감당케 하려 한다. 경기도교육청을 통해 별도의 혁신학교 예산을 받기 때문에 어느 정도 가능한 대안이었다. 그러나 작은 학교에서 감당해야 할 기본적 업무량 자체가 워낙 많기 때문에 이러한 시도가 교사들의 잡무를 줄이면서 수업에 더욱 충실하게 만들 수 있을 것인가에 대해서는 조금 더 지켜봐야 할 것 같다.

셋째, 덕양중의 성과가 지역 학부모에게는 평가절하되는 점이다. 덕양중이 제 아무리 다양한 시도를 하고 의미 있는 교육적 성과를 낸다고 해도 학부모들은 그런 변화보다 여전히 특목고에 얼마나 많은 학생을 보냈는가를 중심으로 학교를 평가한다. 입시 결과를 중심으로 학교를 평가하는 방식은 우리 학교교육의 다양화를 해치는 주범이다. 학교는 교육의 질을 고민하기보다 가시적인 성과를 낼 수 있는 입시에만 초점을 맞추어 왔다. 평준화 지역이든 비평준화 지역이든 동시에 나타나는 문제이며, 콘텐츠와 프로그램, 교육철학이 빈약한 학교를 양산해 왔다. "좋은 학교란 무엇인가"에 대한 세간의 기준을 재검토하지 않으면 덕양중의 노력은 평가절하될 수밖에 없을 것이다. 덕양중에서 하고 있는 다양한 시도들이 아이들의 학력 향상에 어느 정도 기여할 것인지는 살펴봐야겠지만 꼭 그게 아니더라도 덕양중의 실험은 이미 학교혁신의 가능성을 충분히 보여주고 있다. 지난 2년간의 변화에 대한 학생과 교사들의 긍정적 평가가 그것을 증명해 준다.

넷째, 교사들의 에너지를 어디에서 얻을 깃인가의 문제가 있다. 덕양중에 근무하는 것은 교사들에게 상당한 헌신을 요구하게 된다. 많은 변화를 시도하기 때문이다. 교사들의 헌신을 무엇으로, 어떻게 끌어낼 것인가는 중요한 과제다. 승진 가산점이라는 인센티브가 있어야 하는가에 관한 것도 쟁점이 될 수 있다. 교사를 어떻게 충원할 것인가도 고민해 볼 지점이다. 유능한 교사를 확보하기 위해서는 그들을 데려올 수 있는 유인책이 필요한 것인가, 아니면 학교에서 제시하는 철학과 비전만으로도 교사들을 설득할 수 있는가?

다섯째, 학교 홍보를 얼마나, 어디까지 해야 하는가의 고민이다. 덕양중은 학교 사례가 다른 학교에 모델로 기능하기를 원한다. 그러기 위해서는 학교의 성과를 알릴 필요가 있다. 그러나 교육적 성과는 금방 드러나는 것이 아니다. 언론을 통해 학교 사례가 알려지는 것에 대해 '교장의 치적을 쌓기 위한 행동'으로 폄훼하는 구성원도 있다. 학교 홍보에 대해서 불편하게 생각하는 것이다. 1년 차 때 학교 관련 홍보 자료를 영상으로 만들려고 했는데, 기획회의에서 구성원들의 반대로 무산된 적이 있었다. 홍보에 관한 관점 차이를 극복하는 것도 풀어

*
2009년 12월, 고입시험을 하루 앞두고, 시험을 보러 가는 중3 선배들을 격려하기 위해 전교생과 전 교사가 모였다. 처음 받아 보는 격려가 쑥스러운지 아이들이 얼굴을 들지 못했다.

야 할 숙제이다.

여섯째, 관료주의 체제 내에서 학교혁신을 얼마나 잘 감당할 수 있을 것인가의 문제가 있다. 덕양중이 공동체적 관점에서 학교를 구성한다고 해도 교육청의 통제를 받아야 한다. 수많은 공문 처리를 하지 않을 수 없다. 기존의 행정적 업무를 하면서 교육과정과 수업, 질 높은 평가를 감행한다는 것은 매우 어렵다. 특별한 행정적, 재정적 지원이 없으면 이들이 추구하려는 질 높은 내신 체제는 거의 어려울 것으로 보인다. 교사들에게 자신의 수업과 교육과정을 충분히 기획할 수 있는 시간적인 여력이 있어야 한다. 그러기 위해서는 과감하게 불필요한 업무를 줄여야 한다. 하지만 단위 학교의 혁신이 교육청 혁신과 맞물리지 않으면 어렵다.

아톰 학교가 되기를 소망하며

나는 좋은교사운동 정책위원으로, 덕양중 TF팀의 일원으로 김삼진 교장의 공모 단계에서부터 관여를 했다. 덕양중에 함께 들어가서 좋은 학교를 만드는 것을 목표로 몇 달을 함께 준비했다. 그러나 안타깝게도 나는 그 학교에 들어가지 못했다. 내가 근무하던 지역은 안양이었는데, 근무연수 부족으로 고양으로 갈 수 없는 상황이 발생했다. 나는 결국 컨설턴트로서, 참여 관찰자로서 그림자 같은 존재가 될 수밖에 없었다. 덕양중이 만들어 가는 아름다운 교육 퍼즐의 일부가 될 수는 없었지만, 덕양중 구성원들이 아름다운 그림을 만들어 가는 모습을 곁에서 관찰하고, 기록했다. 이들이 걸어온 과정에는 치열한 토론과 갈등과 아픔과 수고가 스며들어 있다. 시행착오와 실패도 있었다. 2년 이상 덕양중을 참여 관찰하면서 나는 학교를 바꾼다는 것이 얼마나 어려운 일인가를 뼈저리게 느낄 수 있었다. 언젠가 김영식 교사에게 전화했을 때, 그는 밤 9시에 학교에서 일을 하고 있었다. 아직까지 시험 문제를 내지 못했다면서 걱정을 하고 있었다. 세상에 공짜는 없는 것 같다. 누군가의 눈물과 땀방울이 없으면 좋은 학교는 만들어지지 않는다. 물론 덕양중은 완벽한 학교가 아니다. 아쉬움과 한계점이 여전히 많다. 그럼에도 이 학교가 아름다운 것은 변화하기 위해서 끊임없이 시도하고 있다는 점이다. 논의와 토론, 그리고 합의된 결과를 시행하는, 일련의 프로세스가 존재하고 있다는 것에서 나는 희망을 본다. 그러한 역동성이 존재하는 한 여전히 학교는 살아 있다고 말할 수 있지 않을까? 덕양중이 아톰 학교가 되었으면 좋겠다. 조그마한 아톰 로봇이 적의 입으로 들어가 배를 가르며 나오는 것처럼, 덕양중이 한국교육의 구조적 병폐와 모순을 무너뜨리는 데 기여할 수 있는 모델학교로 우뚝 서기를 소망한다.

지역과 함께 일구는
농촌 학교

홍동중학교 이야기

이진철

홍동 지역은 좀 특별합니다

　　홍동중학교의 변화를 보기 위해서는 우선 홍동 지
　　역을 알 필요가 있다. 지역의 특성이 학교 변화와
밀접한 관계를 맺고 있기 때문이다. 지역마다 나름대로 특색이 있겠지
만 홍동중이 위치한 충남 홍성군 홍동면은 좀 특별하다고 할 수 있다.

　　홍동면은 비산비야非山非野 지대로 평균 해발고도 100m 안팎의 낮은
구릉지이며 전체 면적의 약 40.7%가 농경지인 전형적인 농업 지역이다.

　　홍동 지역은 한국 유기농업의 메카이자 전국 최고 축산 밀집 지역이
다. 홍동 주민들은 유기농에 대한 자부심이 상당하다. 유기농법은 홍
동 주민의 연대에 지렛대 역할을 하고 있다. 매년 각지에서 홍동 지역
의 유기농 현장을 보러 찾아오는 이들이 끊이지 않는다.

　　홍동 지역에는 도시에서 이사 온 사람들이 적지 않다. 이른바 자발
적 귀농자들이다. 이들은 대부분 유기농업을 하거나 지역의 기관이나
단체 일에 참여하고 있다. 1990년대 이래 환경 운동이 한국 사회에 확

산되면서 이 운동에 동참하는 사람들의 부류도 다양해졌는데, 이들 중 일부는 귀농이라는 선택을 한 사람들이다. 이들은 도시에서 누릴 수 있는 상대적 장점들을 포기하고 농촌으로 이주해 온 만큼 환경뿐만 아니라 삶의 질에 관계되는 다양한 관심사를 가지고 있다. 경제생활, 주민자치, 교육, 복지, 문화 등 생활 전반의 문제들에 대해 적극적 태도를 보인다.

홍동 지역의 특징으로 빼놓을 수 없는 것은 면 단위 지역임에도 유치원에서 대학까지 모든 단계의 교육기관이 있다는 점이다. 1981년 설립된 갓골어린이집은 '어린이집'이란 용어를 사용한 국내 최초의 유아교육기관이다. 아이를 맡길 시설이 없어 도시로 이주하는 현실이 안타까워 풀무학교에서 발의하고 주민 성금을 모아 설립했다. 초·중등 공립학교로는 홍동초등학교, 금당초등학교, 홍동중학교가 있다. 이 학교들은 다른 농촌 학교와 마찬가지로 한때는 수백 명에서 1천 명이 넘는 학생들이 다니다가 1980년대 이후 지속적으로 학생 수가 줄고 있다.

토박이들 중 환경 농업을 주도하는 이들이 나온 것은 풀무농업고등기술학교(풀무학교)의 존재와 무관치 않다. 풀무학교는 1958년 개교한

이진철 uni2kor@hanmail.net

서울에서 교직 생활을 하다가 충남으로 와서 연구와 실천을 병행하고 있습니다. 지난 10년은 교육운동의 패러다임을 바꾸어 보고자 고민한 세월이었습니다. 교육학 박사 과정을 마치고 최근에는 농촌 교육 관련 연구를 주로 하고 있습니다. 현재 공주여고 교사로 재직하면서 충남교육연구소 부소장 일을 하고 있습니다.

이래 반세기가 다 되도록 별다른 주목을 받지 못한 학교였다. '더불어 사는 평민'이란 기독교 정신 아래 농업과 지역에 관심을 가지고 교육을 해 온 이 학교가 축적한 역량은 1990년대 이후 서서히 빛을 발하고 있다. 홍동 지역의 주민과 기관, 단체들은 어떤 형태로든 풀무학교와 관계를 맺고 있다고 할 수 있다. 이 학교에는 84명(2008년 기준)의 학생이 재학하고 있으며 교원 10명과 강사 8명이 교육활동을 하고 있다. 풀무학교는 고등학교 과정 학력인정 각종학교 중 하나나. 이웃과 더불어, 자연과 더불어 살아가는 평민을 기르는 교육, 누구나 타고난 자기를 실현하는 교육을 목표로 교양 과목, 보통 과목, 실업 과목 등의 교육과정을 운영하고 있다. 풀무 전공부는 풀무학교의 2년 연장 과정으로 2001년 설립된 대안대학이다. 지역에 뿌리내리는 '평민대학'을 모

토로 지역을 살리고 생태농업 전문 인력을 양성하여, 더불어 사는 대안적 문명 운동의 기반을 만들어 간다는 목표를 가지고 있다. 전국 각지의 귀농 준비자들과 지역 주민을 대상으로 계절 학교와 기획 강좌를 열고 있으며 생태농업 전공 과정 27명의 학생들이 공동생활을 하고 있다.

이같이 홍동 지역은 생태농업 지역이면서 각급 교육기관이 망라돼 있는 지역이다. 농업을 고민하고 교육을 고민하는 사람이 많은 만큼 각종 기관과 단체도 많다. 홍동농업협동조합, 홍성환경농업교육관, 풀무신용협동조합, 풀무생활협동조합, 풀무학교생활협동조합, 홍동여성농업인종합지원센터, 주식회사 풀무사람들, 그물코출판사, 느티나무 헌책방, 홍동아이사랑 등 농촌지역의 경제, 사회, 문화, 교육과 관련된 각종 기관과 단체가 즐비하다.

홍동 지역에 지역공동체, 농촌공동체, 교육공동체를 지향하며 대안적 삶을 추구하는 사람이 점차 늘어나면서 다양한 생활 모습도 확대되고 있다. 풀무학교의 한옥 기숙사, 전통 양식의 집들, 흙집, 통나무집 등 생태 건축물이 곳곳에 생겨나고 있으며, 태양광 주택, 풍력 발전 시설 등 재생 가능 에너지를 활용한 시설물, 우유 요구르트 공장, 빵 공장, 비누 공장, 퇴비 공장, 쌀 건

*
1학년 아이들이 지역사회 기여 봉사활동으로 야생동물 보호 캠페인을 벌이고 있다. 홍동중은 장애 이해, 쓰레기 분리 배출, 고운 말 바른 말 쓰기, 금연, 야생동물 보호 등의 캠페인 활동을 실천하고 있다.

조장, 정미소 등 농축산물 가공 생산 시설이 운영되고 있다. 주민들 중에는 뜸방 등 대체 의학, 전통 음식, 전통 공예, 전통 악기, 천연 염색, 들소리 전수 등 전통적인 삶의 양식 중 현대적으로 계승 발전시켜야 할 것들에 관심을 갖고 있는 다방면의 전문가들이 많다. 이들은 지역의 기관이나 단체와 연계하여 활동하고 있다. 최근에는 지역 주민들을 위한 평생학습도 다양하게 이루어지고 있는데, 농민 교양국어, 농민 역사 강좌, 명심보감 읽기, 독일어 성경 읽기, 단테의 신곡 읽기 등이 운월리 갓골마을에서 요일별로 진행되고 있다.

교육은 학교에서만 이루어지는 것이 아니라 지역의 여러 기관이나 단체가 곧 교육의 장이라고 생각해요. 학교와 지역이 함께 교육하는 것 아닐까요. 아이들이 자기 사는 곳의 여러 생산 현장을 방문하여 체험하고 느끼게 하는 것도 중요한 교육이라고 생각합니다. 그런 면에서 홍동은 교육 자원이 풍부한 지역입니다.

신미애(주민)

홍동 지역의 특징을 한마디로 표현해 보자면 이른바 '생태친화적 지역 인프라'가 발달된 지역이라고 할 수 있다.

홍동중 학생 99명 중 12명이 귀농 가정 자녀들이다. 이웃에 풀무학교가 있는데 이 학교 학생 84명 중 40명은 도시지역에서 유학 온 학생들이며, 대부분 성인들인 풀무 전공부 학생 27명 중 20명 역시 도시에서 내려와서 생활하며 공부하고 있다. 이들 대부분은 홍동 지역의 유기농업에 관심을 가진 사람들이고, 고등부 학생들은 입시 위주 제도교육을 벗어나 교육의 근본을 생각하며 생활교육, 공동체 학습을 몸으로 배우겠다는 마음을 가지고 있다.

홍동 지역 주민들은 교육에 대해 특별한 관심을 가지고 있다. 도시에서 귀농한 학부모들은 특히 교육 문제에 대한 관심이 남다르다. 홍동 지역의 생활과 문화가 모두 교육의 소재라고 생각하고 이런 내용이 학교에서 다뤄지기를 원한다. 학부모들이 교육에 대해 가지고 있는 관점 역시 비교적 건강하다. 물론 이곳 학부모들의 대다수도 전통적인 지식 중심 학력관을 가지고 있고 자녀들이 높은 학업성취를 거두기를 기대하고 있다. 그렇지만 교육의 본질을 추구하는 것에 대해서도 관심의 끈을 놓지 않고 있다는 점은 높이 평가할 만하다. 지식 교육, 엘리트 교육보다는 인성교육, 체험 중심 교육의 중요성에 공감하는 학부모들이 많다.

학교에 요구하는 것이 성적 올려 달라, 명문학교 만들어 달라 이런 건 아니지요. 물론 학업 성적이 좋으면 아이들이 미래에 성취할 수 있는 것들의 폭도 넓어질 테니까 성적도 무시 못하지만 성적만이 중요한 요소라고는 생각하지 않아요.

안정순(학교운영위원장)

다 그런 건 아니지만, 학력보다 인성을 강조하는 학부모가 많습니다. 학력을 보는 관점도 다릅니다. 단순히 지식 습득만을 의미하는 학력이 아니라 환경과 평화 같은 가치를 존중하는 태도를 갖는 게 곧 학력이고 인성이라는 거죠.

박신자 교사

학부모들은 학교에 대해 많은 기대감을 가지고 있고, 이런 기대감을 다양한 방식으로 여러 계기를 통해 표출하고 있다. 학교에 대한 기대감의 저변에는 기본적으로 기존 학교에 대한 불신과 우려도 깔려 있다고 할 수 있다. 다행인 것은 이런 관심이 학교 참여의 동력으로 나타나고 있다는 점이다. 홍동중 학부모들은 학교에 대한 기대감만큼 학교에 대한 참여도 높은 편이다.

학부모뿐만 아니라 지역 주민들도 학교에 대한 관심이 크다. 토박이 주민 다수는 지역 학교 출신이기도 하다. 동창회는 학교를 지원하는 데 열심이다. 홍동 지역의 사회적 관계망에서 간과할 수 없는 것은 이른바 '풀무 파생 효과'이다. 풀무학교 자체가 사회적 관심의 대상이기도 하지만 풀무학교 출신들이 지역에 살면서 각종 사회단체 및 기관의 일에 참여하면서 많은 역할을 하기도 한다. 지역 규모에 비해 기관 단체도 많거니와 이들 사이에 유기적인 관계 형성이 이뤄지게 된 데는 풀무학교 출신들의 역할이 크다.

홍동중을 둘러싼 사회적, 교육적 여건이 학교와 지역의 관계를 끈끈하게 엮어 준다. 학생들도 지역의 그러한 특성을 대체로 잘 알고 있다.

이런 홍동 지역 학부모들에게 교장공모제는 기회의 신 '카이로스'와 같은 존재로 다가왔다. 가까이 다가왔을 때 확실히 잡아야지 그렇지 않으면 바람처럼 지나가 버리고 말 기회의 신처럼 말이다.

"승진 교장이 아니라 공모 교장이 왔대"
홍동중은 교장공모제 제1차 시범운영 대상학교로 선정되어 2007년 9월

1일 자로 이정로 교사가 공모 교장으로 임용되었다. 공사립학교에서 교원의 직급에 관계없이 공개 모집하여 교장으로 임용하는 제도인 교장공모제가 처음 실시되면서 고등학교 평교사이던 이정로 교사가 교장이 된 것이다.

시골 학교 학부모들은 거의 매년 새로운 교장을 맞이하는 일을 겪는다. 3월에 새로 부임해 온 교장과 학교 발전에 대해 논의하던 게 엊그제인데 이듬해 2월이면 교장은 손을 흔들며 떠나고 3월이면 또 낯모르는 교장이 나타난다. 지역의 특성이 반영될 리 없고 지역사회와의 유기적 소통이 이뤄질 리 없다. 지역사회도 학교에 특별히 요구하는 바가 없고 그런 걸 생각할 필요도 없다.

홍동 지역 학부모들도 그랬다. 학교는 뻣뻣하게 학부모를 대했고, 국가가 정해 놓은 교육과정을 '권위 있게' 집행하는 학교와 함께할 수 있는 게 별로 없었다. 학교에 뭘 요구하고 싶어도 부담스럽고 학교를 돕는 일도 쉽지 않았다. 내 아이만이 아니라 모든 아이를 위한 관심과 활동조차 학부모 이기주의에서 비롯된 행동으로 오해받기 십상이었고, 모처럼 학교행사에서 교사들과 자리했을 때도 학교교육에 대한 전반적인 대화를 나누기 어려웠다. 모든 대화는 오로지 자녀 성적에만 초점이 맞추어졌다.

2007년 6월 홍동중이 교장공모제 학교로 결정되자 홍동 지역 주민들은 촉수를 예민하게 세우기 시작했다. 어떤 인물이 홍동중 교장으로 올 것인지 관심을 가지고 논의하기 시작했다. 세 차례에 걸쳐 이뤄지는 심사 중 3차 심사는 학교운영위원들이 직접 심사하도록 되어 있었기 때문에 학부모와 주민들이 심사 절차에 관심을 가지는 것은 당연했다.

교장 공모 심사는 누구보다 우리 일이라고 생각했습니다. 우리 지역의 사정을
잘 아는 교장을 모셔 오는 일이기 때문이지요. 그래서 심사하는 전 과정에 큰 관

심을 가졌습니다. 낙후한 농촌 학교를 발전시키려면 지역 실정을 반영해서 중장기 계획을 잘 제시하는 분이라야 한다고 보았습니다.

유근철(공모 당시 학교운영위원장)

당시 충남교육청의 교장 공모 심사 절차에서 6학급 이하 학교는 도교육청에 구성된 심사위원회에서 1, 2차 심사하도록 되어 있고 그 이상 규모의 학교는 학교운영위원회가 자체적으로 심사위원회를 구성해서 심사할 수 있도록 되어 있었다. 학교 규모가 작다고 도에서 심사하도록 하는 것에 대해 주민들은 못마땅해했다. 당시 교육인적자원부가 마련한 원계획 상에도 6학급 이하 학교의 경우 1, 2차 심사를 도에서

*
1971년 개교한 홍동중은 한때 990명까지 다니던 제법 큰 학교였다. 2009년 97명까지 줄었다가 홍동중의 학교개혁 사례가 조금씩 알려지면서 올해 112명으로 다시 늘었다.

ⓒ 아이들의 어린 미래

할지 학교 자체적으로 할지는 학교 판단에 맡기도록 되어 있는데 충남 교육청은 학교의 의견을 묻지 않고 도교육청 심사위원회에서 하도록 했다.

학부모와 주민 대표들이 도교육청에 항의하는 일도 벌어졌다. 도교육청이 심사위원회를 구성하면서 홍동중과 아무런 관계가 없는 타지역 인사들로 심사위원을 위촉하려는 데 대한 불만을 전달하기 위해서였다. 학교 자체적으로 심사위원회 구성도 못하게 하면서 홍동 지역 주민의 교육적 요구와 전혀 관계없는 사람들이 홍동중 교장을 심사하는 것에 대해 동의하기 어려웠던 것이다. 홍동중 학교운영위원회의 이러한 지적은 받아들여졌다. 그리하여 1, 2차 심사위원 명단에 지역에서 추천한 사람이 1명 포함되게 되었다.

이후 학교운영위원들과 지역 주민 사이에 다양한 의견이 오고 갔다. 누가 홍동중 교장으로 적합할지 어떤 기준을 가지고 판단할 것인가가 초점이었다.

현재 공교육은 아이들에게 너무 많은 부담감을 안겨 주는 데 문제가 있다고 봅니다. 사교육은 사교육대로 해야 되고. 교장 한 분 모셔 온다고 해서 교육의 모든 문제가 해결되기를 기대하지는 않았습니다. 어차피 변화는 서서히 이뤄지게 마련이니까요. 저 같은 경우는 홍동 지역의 교육이 유치원부터 고등학교에 이르기까지 전체적으로 어떤 색깔이 있어야 하다는 생각을 했습니다. 교장에 따라서 그때그때 왔다 갔다 하는 게 아니라 풀무학교처럼 꾸준한 모습이 유지되는 것을 중요하게 생각했습니다. **김중호(공모 당시 학교운영위원)**

＊

해마다 홍동면 문당리 환경농업마을에서 2박 3일의 환경 캠프를 실시한다. 지역의 시설을 이용하고 지역 학부모 주민들이 직접 나서서 진행하는 환경 캠프는 생태 관찰과 놀이, 생태 미술, 논생물 조사, 재활용 분리수거 현장체험, 생태문화예술교육 등의 다양한 프로그램으로 이루어진다. ◐ 지역 학부모의 도움으로 논생물 조사에 나선 아이들. ◐ 홍성환경사업소를 찾아 분리수거 체험을 하는 아이들.

도교육청 심사위원회에서 1차 5배수, 2차 3배수를 추려 학교운영위원회로 응모자 서류가 넘어왔다. 학교운영위원회는 3명에 대한 심사를 거쳐 이 중 2명을 순위 매겨 교육감에게 올렸다. 최종 결정은 교육감이 했다.

교육행정 관계자와 학교 교원들도 처음 치러 보고 학부모와 지역 주민들도 처음 접해 본 교장공모제는 홍동 지역에서 그렇게 이루어졌다. 교육행정 관료들은 절차상 문제 소지가 있는지 없는지에 초점을 두었다면 학부모와 지역 주민들은 어떻게 하면 지역이 원하는 인물을 교장으로 모실 수 있을까 하는 데 관심이 쏠렸다. 마치 건조한 사막에서 오아시스를 찾는 일과도 같았다.

홍동중 교장 공모는 모두 9명이 응모했다. 모든 후보자들은 나름대로 심혈을 기울인 학교경영계획을 가지고 나섰다. 응모자 중에는 교장, 교감 자격증 소지자도 있고 평교사도 있었다. 흠잡기 어려울 정도로 모두 홍동중 발전을 위한 훌륭한 계획을 가지고 심사에 임했고, 학교운영위원들은 결국 평교사인 이정로 교사를 홍동중의 교장으로 선택했다.

이정로 교사는 평소 홍동 지역에 대해 관심이 많았다. 홍동 지역의 생태농업 현장도 여러 차례 직접 와서 살펴보았고 풀무학교에 대한 관심도 많았다. 이정로 교사의 응모 서류에는 홍동 지역에 대한 이해가 담겨 있었다. 다른 교장들이 교육청의 발령을 받아 '면 지역에 있는 학교'로 왔다면, 이정로 교사는 지역민의 발령을 받아 '학교가 있는 면 지역'으로 왔다고 하는 편이 맞을지도 모른다.

이제는 자녀교육을 위해 농촌을 떠나는 일은 없게 하고 싶습니다. 아니, 자녀 교육을 위해 학부모와 학생이 농촌으로 찾아오는 그런 학교를 만들고 싶습니다. (중략) 자율성과 책무성을 바탕으로 특성화된 교육과정을 적용하여 지역과 함께 살아 숨 쉬는 농촌형 중학교 만들기에 온 힘을 기울이겠습니다.

이정로 교사의 자기소개서에서

이정로 교장의 계획서에는 학력과 인성에 대한 내용도 담겨 있었지만 무엇보다 홍동이라는 작은 농촌 마을에 관한 애정이 담겨 있었다. 홍동 주민과 학부모의 관심 속에 홍동중 교장으로 부임해 온 이정로 교장은 학부모 설명회를 열고 학교 비전과 운영 방향을 공개했다. 면내 기관 단체 관계자들과 만나는 자리에서도 언제나 학교 설명회가 이어졌다.

홍동중 학교운영위원회와 학부모들도 덩달아 할 일이 많아졌다. 홍동중 학부모들은 우선 관내 학교들의 관행처럼 되어 있는 학부모회와 자모회 같은 학부모 조직 틀에 문제가 있다고 여기고 2008년부터 학부모회로 통합했다. 학부모회는 아버지 위주로 구성하고 자모회는 어머니로 구성하는 기존의 조직 구성 방식은 남녀를 가르고 지위의 고하를 규정하는 듯한 관행이어서 이를 시대 분위기에 맞게 학부모회라는 하나의 조직으로 통합한 것이다.

교직원 조직 운영도 새로운 전기를 맞이했다. 교원의 자율성을 보장하되 업무 수행에 팀별 운영체제를 적용하여 효율성과 책무성을 높이고자 했으며 '모든 학교 구성원들의 민주적 의사 결정 과정을 중시하여 참여와 자치의 학교 풍토를 조성한다'는 학교장의 운영 방침을 하나씩 하나씩 현실화시켜 나갔다. 마침내 변화가 시작된 것이다.

교사 이정로

이정로 교장은 천안 복자여자고등학교에서 25년간 교사로 지내 오면서 체험활동 위주의 인성교육 프로그램을 기획하고 운영한 경력을 가지고 있다. 1983년부터 학급도서를 운영하며 독서교육을 강조했다. '사회적 약자와 함께 나누는 삶'이란 주제로 학생 봉사활동을 진행하는가 하면 '미래 사회, 일과 직업'을 진로교육 프로그램을 재구성하여 학교교육에 적용했다. 이정로 교사의 교직 체험 속에는 나름대로의 신념이 배어 있다. 그가 오랜 세월 근무한 복자여고는 가톨릭계 사립학교로 비교적 교사들의 자율적 판단을 존중하는 분위기가 형성되어 있었다. 그는 교사들이 자율적으로 판단하고 실천할 수 있는 여건을 만들어 주는 것이야 말로 자신이 교장으로서 할 수 있는 최상의 과업이라고 생각했다.

학교교육에서 기획은 지역의 인적 물적 자원을 조직하고 활용할 수 있는 능력을 말합니다. 학교는 지역과 동떨어진 섬이어서는 곤란합니다. 지역이 아이들을 키워 낸다는 관점을 가질 필요가 있어요. 지역사회가 곧 학교인 셈이지요. 지역의 휴먼 네트워크와 교육적 인프라를 적극 활용할 필요가 있습니다. 학교가 지역으로 나가야 하고 동시에 지역을 학교로 들여와야 해요. 이런 마인드를 가지고 학교교육을 기획하는 역량을 교사의 교육 기획력이라 말하고 싶습니다.

이정로 교장

*

전통문화체험 중 황토 염색을 하면서 아이들이 장난을 치고 있다. 교육청 지원 사업인 체험환경 프로그램의 하나로 진행된 프로그램에서 아이들은 짚풀 공예, 황토 염색, 전통놀이 등을 배웠다.

이정로 교장은 수업과 교육활동을 창의적으로 기획하고 실천하는 '기획력'이 교사들에게 가장 중요한 능력이라고 말한다. 그는 교사들이 지역과 소통하면서 지역의 교육 자원을 학교로 가져오고 학교가 지역의 현실에 동참하기도 하면서 학교와 지역 간의 경계를 허무는 주체로 나서야 한다고 강조한다.

급격한 정치, 경제 사회, 문화적 환경의 변화는 교육에서도 많은 변화를 요구하고 있습니다. 개방적 교육체제로의 변화, 교육의 자율성과 책무성의 확대, 학교와 지역사회의 연계 강화, 평생교육의 제공 등 학교의 역할과 기능이 변화하지 않으면 안 되는 상황에 놓여 있습니다. 교사들은 더욱 다양한 문화적 배경을 가진 학생들을 만나야 하고, 지역사회와도 적극적으로 소통해야 합니다. 빠르게 변하는 사회에서는 획일적인 지시에 기대서는 문제 해결이 불가능해지기 때문에 교장의 지도력도 중요해집니다. 특히 붕괴 직전에 놓인 농촌 사회에 대한 이해 없이 획일적으로 적용되는 국가수준교육과정과 지침은 농촌 학교의 희망이 될 수 없습니다. **이정로 교장**

이정로 교장이 교직원 연수 자리에서 한 얘기이다. 학교별 상황에 맞춘 교육 기획력의 중요성을 역설한 것이다. 그리고 그러한 교육 기획력이 가능하기 위해서는 학교운영체제 또한 바뀌어야 함을 지적하고 있다. 이정로 교장은 부임 뒤 외부 전문가를 초청해 강연을 듣는 등 매주 교사연수를 열고 있다. 일방통행이 안 되도록 구성원의 합의를 중시하다 보니 그만큼 진전 속도는 느리지만 구성원의 자발성에 근거

한 학교혁신이 되어야 한다는 원칙을 고집하고 있다.

전교조 조합원으로서 개혁적 교육운동에 동참하고, 충남교육연구소를 통해 여러 학술적인 연구를 해 온 것도 이정로 교장에게 좋은 경험이 되었다. 학교장이 관리 감독만 하는 게 아니라 교육 프로그램을 기획하고, 조직을 민주적으로 운영하고, 지역사회와 소통하는 역할을 해야 한다는 문제의식이 분명했다.

면 지역 학교장의 재임 기간은 대략 1~2년이다. 보통의 승진 교장들은 학교에 부임한 날부터 떠날 생각을 하는 게 일반적이다. 얼마나 빠른 시일 안에 얼마나 큰 학교로 옮겨 가느냐 하는 것만이 오로지 관심사이다. 모든 학교 업무를 자신의 그러한 목적 달성과 관련지어서 판단하고 행동하게 된다. 어떤 새로운 교육활동이 전보 발령에 유리할지, 혹시라도 안전사고가 발생해 상부로부터 문책이나 당하지 않을까 하는 것만이 관심사다. 학교운영자로서 판단 기준은 자신의 '영전' 여하에 달렸다. 때로 승진 대열에 뒤늦게 합류하여 정년 퇴임이 얼마 안 남은 교장이나 이른바 '파워'나 인맥이 없는 교장이 자신의 교육 신념을 앞세워 학교를 '혁신'하고자 분주히 움직이는 경우가 더러 있다. 이 경우에도 교사들의 자발성을 이끌어 내고 지역사회와 소통하기보다는 주변을 대상화시킨 채 관료적 방식으로 밀어붙이는 경우가 대부분이다. 자율과 책무, 분권과 참여가 몸에 배지 못한 교직 경험에서 비롯된 결과다.

이정로 교장의 임기는 4년이다. 학교운영자로서 권위를 강조하기보다는 교사들의 교육 기획력을 키우기 위해 노력하고, 학부모를 교육

수요자가 아닌 학교를 함께 일구어 갈 파트너로 대하고, 그리고 학생들을 입시 준비생이 아닌 자기 삶의 주인공으로 키워 내는 데 그의 목표가 있다.

변화는 이미 시작되었다

홍동중이 외부로부터 주목받게 된 계기는 공모 교장이 부임한 이후지만 그전에도 홍동중에서는 다양하고 새로운 교육 실험들이 이루어지고 있었다. 대표적인 예로 홍동중 교사들과 다른 학교 교사들이 공동으로 추진해 오던 '홍동지역범교과교육과정연구회' 활동을 들 수 있다.

홍동면에는 유치원부터 대학 과정에 이르기까지 모든 교육기관이 있다. 이전에는 제각각 필요에 따라 산발적으로 시설을 지어 활용하거나 프로그램을 운영해 왔다. 특히 홍동면 문당리에 있는 홍성환경농업교육관은 자체적으로 체험학습 프로그램을 짜서 주로 도시 학교 학생들을 대상으로 농촌 체험학습을 운영했다. 연간 이용 인원은 수천 명에 달했다. 그러나 막상 지역 학교 학생들은 일 년에 한두 번 체험학습을 다녀가는 정도였고, 학교에 따라서는 환경농업교육관이 무엇을 하는 곳인지조차 모르는 경우도 있었다. 1993년부터는 홍동의 유기농업, 특히 오리를 활용한 유기농업이 전국적으로 유명해지고 주목받게 되었지만 홍동면의 초·중·고 학생들은 이런 지역적 특성을 배울 기회가 없었다. 지역의 인프라를 활용한 체계적인 환경생태교육도 받지 못했고 지역의 관련 시설조차 잘 활용하지 못했다.

2003년, 지역의 환경농업 실천가들이 홍동초에 유기농 오리쌀을 급식 재료로 제공하기 시작하면서 학교와 지역사회의 관계에도 변화가 오기 시작했다. 홍동초에 이어 곧 홍동중 학생들에게도 유기농 쌀을 공급하게 되었고, 유기농을 실천하는 학부모들을 중심으로 환경농업교육관 시설을 우리 자녀들도 활용하도록 하자는 요구가 생겨났다. 홍동초는 문당리 환경농업교육관에 가서 하루 체험활동을 하기도 하고 홍동중은 2박 3일 수련 활동을 하기도 했다. 홍동중 교사들은 수련 활동을 명상 중심 프로그램으로 기획하면서 황토 염색, 떡메 치기, 새끼 꼬기 등 지역과 관련 있는 전통적인 요소들을 집어넣었다. 대부분의 아이들이 초등학교 시절 경험한 활동이어서 호기심이 떨어진다는 반응이 많았지만 학교에서 처음으로 지역화 프로그램을 시도한 데 의미를 두었다. 환경농업교육관 실무자들과 홍동중 교사들은 아이들에게 지역의 다양한 인적 물적 자원을 활용한 단계별 프로그램이 필요하다는 데 공감했고, 이런 생각은 이후 범교과교육과정연구회 구성으로 이어졌다.

지역 학교들끼리의 연계가 필요하다고 생각한 교사들은 홍동초, 금당초, 홍동중, 풀무학교, 풀무 전공부, 홍성환경농업교육관 등 총 14명의 회원이 참여한 홍동지역범교과교육과정연구회를 결성하고 홍성교육청에 등록했다. 2005년 4월의 일이다. 각 학교의 교장과 환경농업교육관 대표는 자문위원을 맡았다. 연구회는 지역 시설과 인적 자원을 활용하는 생태친화적 체험학습 프로그램을 구성하기로 하고 체험학습 프로그램을 담은 장학 자료집 〈지역 인프라를 활용한 생태친화적 체험학습 프로그램〉을 발간했다. 2006년에는 이미 발간된 자료집을 실행하는 단계로 활동의 방향을 정했다. 교사 개인이나 학교별 실행으로 맡기기보다는 지역 학교 간 협력적 연계 체제를 갖기 위한 방안들을 모색하게 되었다. 각 학교에서 교과별, 학급별, 학년별로 체험학습을 어떻게 할지 모색한 뒤 7월부터는 월 1회 홍동 지역 방과후학교 '햇살 배움터'를 개설했다. 면 지역 초·중·고가 공동으로 방과후학교를 운영하는 보기 드문 사례가 창출된 것이다. 연합 방과후학교는 지역의 교육 축제로 이어졌다. 당시 홍동중 교장이 면내 기관장 회의에 제안하고 범교과연구회 민병성 교사가 사무국장을 맡아 추진한 '홍동거리축제'는 지역화 교육과정의 실천적 사례다. 연합 방과후학교는 주5일 수업제의 공백을 메우는 의미가 강했으나, 홍동거리축제는 '범교과 학습의 종합적인 실천의 장'으로 거듭났다. 지역화 교육과정이 교과와 학

교를 벗어나 지역 문화를 재생산하는 공간으로 발전한 것이다.

공립학교 교사들이 지역사회와 함께하는 데 의미가 있었습니다. 학교가 지역사회를 교육적 파트너로 인식하게 된 계기가 되었다고 봅니다. 동시에 지역사회 학교로서의 전망을 만든 것이지요. 주5일제 구조에서 학생들에게 실질적인 혜택을 주는 의미도 있다고 볼 수 있습니다. 특히 지역 주민이면서 교사였던 활동가들이 지역에서 자기 전망을 갖게 되었다는 점에서 남다른 의미가 있었습니다.

민병성 교사

＊
◎ 햇살배움터에서 지역의 우리 밀 빵 공장 시설을 이용해서 쿠키를 굽는 아이들. ◎ 홍동중, 홍동초, 금당초 등 홍동면 내 3개 학교 교사들의 교과연구 모임인 '홍동지역범교과교육과정연구회'에서 주관하는 주말 방과후학교 '햇살배움터'에서 여름방학에 태안 신두리 사구로 1일 생태체험을 갔다.

※
홍동중은 2006년 처음 홍동거리축제를 제안하여 제3회까지 성황리에 치렀다. 2008년 제3회 때는 지역의 25개 기관 단체가 공동 주최해서 거리에 12개 체험 코너를 만들었다. **1_**가을 내내 논에 세워 두었던 허수아비를 아이들이 새 단장하여 거리 축제장에 내놓으려고 준비하고 있다. **2_**거리축제장인 홍동면사무소 앞마당에서 황석영의 마당극 〈항파두리놀이〉를 공연하는 모습. **3.4_**홍동거리축제에서 〈항파두리놀이〉를 공연하고 난 뒤 연극반 아이들. **5_**대나무의 잔가지를 모아 홍동거리축제에 쓸 빗자루를 만들었다. 일찍 만든 아이들이 빗자루를 타고 날아다니는 놀이를 하다가 급기야는 록밴드 흉내를 내고 있다. **6_**홍동거리축제의 노천 북카페에서 책을 살펴보는 학부모들.

범교과교육과정연구회와 햇살배움터를 통해 홍동의 교사들은 '지역을 학교로' 가져왔다. 아니 오히려 '학교가 지역으로 나갔다'고 말하는 게 맞을 것이다. 국가가 만들어 놓은 교육과정을 학교 담장에 비유할 수 있다면 지역화 프로그램은 학교 담장을 허문 것에 해당한다. 모든 학교가 국가교육과정을 이행하는 데 몰두하고 있을 때 홍동중은 국가교육과정에 더해 지역화 교육과정을 기획하고 적용했다. 학교교육의 글로컬라이제이션Glocalization이 무엇인지를 보여 준 사례라고도 볼 수 있다.

새로운 패러다임의 '학교 거버넌스' 추구

이정로 교장은 홍동중에 부임하면서 우선 '학교의 공기를 바꾸는 일'에 관심을 가졌다. 교장의 지도력이 없어도, 교사의 교육 기획력이 없어도 '저절로' 굴러가는 학교가 아니라 교사는 교사대로, 학부모는 학부모대로 자율과 참여와 소통의 원리가 작동되며 책무성과 전문성이 발휘되는 학교운영이 가능하도록 하기 위해 새로운 패러다임의 '학교 거버넌스'를 도입했다.

이정로 교장이 교장 공모 지원서에서 밝힌 학교경영 방침은 다음과 같다.

- 교육 수혜자의 만족을 최우선으로 경영한다.
- 관리 지향 지도성을 배제하고 변화 지향 지도성을 중시한다.
- 교원의 자율성을 최대한 보장하여 전문성을 발휘하도록 한다.

● 업무 수행에 팀별 평가 체제를 적용하여 효율성과 책무성을 극대화한다.

● 모든 학교 구성원들의 민주적 의사 결정 과정을 중시하여 참여와 자치의 학교 풍토를 조성한다.

위와 같은 학교경영 방침은 하나하나가 당연한 내용들로 보인다. 그러나 대부분의 학교들은 이 방침과 거의 반대로 움직이고 있다고 해도 과언이 아니다.

이정로 교장은 교사들에게 자율권을 부여한 뒤 스스로 기획하여 실행에 옮기도록 한다. 그러고는 뭔가가 나올 때까지 기다리는 편이다. 독단적으로 결정하고 밀어붙이지 않으려고 한다. 교사들 입장에서 보면 편한 건 아니다. 권위적이고 독단적인 학교운영에 순응해 온 교사들은 도리어 난감함을 표현하기도 한다. 교내 논의 구조를 재편하는 실험도 하고 있다. 일반 학교들은 교무부, 학생부, 연구부 등으로 행정 위주로 교내 조직을 구성하고 모든 일들을 이 계선 상에서 추진한다. 도교육청을 축소시킨 게 지역교육청이고 지역교육청을 축소시킨 게 학교다. 홍동중은 사안별로 팀을 구성해 운영한다. 예컨대 '아침 명상'이 안건으로 제출될 경우, 이를 시행할지, 추진은 누가 할 것인지를 교무회의에서 결정한다. 그리고 추진팀에 일을 맡겨 기획에서 운영, 평가에 이르기까지 진행하게 한다. 또 어떤 활동이든 내실 있는 평가를 하는 데 많은 노력을 기울이고 있다.

기존의 관료적이고 권위적인 풍토에서 벗어나 학교운영체제와 논의 구조를 변화시키는 일은 당초의 예상과 달리 쉽지 않은 일이었다. 아직도 회의에서 적극적으로 의견 개진을 하기보다는 듣는 데 치중하는 교사들이 많다. 팀제 운영 역시 쉽게 정착되기 어려웠다. 교사 수는 적고, 업무량은 더 늘어난 상황에서 관료제적 운영을 극복한다는 것이 쉽지는 않다는 게 구성원들의 평가다. 그렇지만 기존의 운영 방식을 탈피하기 위해 노력한 경험 자체가 소중한 성과이기도 하다. 충남교육연구소가 2009년 하반기에 실시한 홍동중에 대한 보고서에서 구성원들은 교장에 대해서 아래와 같이 평가했다.

> 교장 평가에서는 학생과 학부모가 대체로 긍정적인 평가를 내놓은 반면 교사들은 아쉬운 부분을 적극 지적했다. 교사 대부분은 교장이 "교사의 자발성을 존중해 준다"고 여기고 있었다. 다수 교사는 "매사 교육적 가치를 존중하는 태도를 견지"하고 있는 데 대해 긍정적으로 평가를 했다. 반면 "지나치게 민주적 절차를 강조하면서 교사의 자발성에 따른 변화를 기대하는 태도"에 대해 교사들은 오히려 '부담감'을 느끼고 있으며 "종종 강력한 추진력을 발휘하기"를 원했다.
>
> **〈홍동중학교 평가 연구〉, 충남교육연구소, 2009**

이정로 교장의 학교 거버넌스 구상이 학교현장에 뿌리내리는 일은 결코 녹록치 않음을 반증하는 대목이다. 자율과 소통, 참여라는 민주성의 원리를 보장한다고 해서 책무성과 전문성이 저절로 확보되는 것은 아니다. 교장 평가 과정에서 한 교사가 한 말은 많은 시사점을 제공한다.

> 교장 선생님의 교육철학이나 원칙에는 동의한다. 하지만 그 원칙만 반복해서는

안 된다. 철학이나 원칙을 실현하는 데 단계별 과제를 제시하고 구체적인 실천 전략을 제시해야 한다. **〈홍동중학교 평가 연구〉, 충남교육연구소, 2009**

교장의 리더십에 관한 구성원의 생각을 보여 주는 단면이다. 구성원들은 교장에게 방향과 전망을 제시해 주기를 원했고, 더 나아가 구체적인 실천 전략까지 요구했다. 민주성이 절차의 문제이면서 그 자체로 내용을 담보하는 것이긴 하지만 자율, 소통, 참여라는 조직 내 환경이 학교교육에 관한 책무성과 교사의 전문성 향상으로 직결되는 것은 아님을 말해 준다.

변한 지점은 분명히 있다. 교사들은 이전로 교장의 조직 운영 방식에 낯설어하면서도 새로운 근무 분위기를 존중한다. 교사들은 공모 교장 부임 이후 소통과 협력 구조가 전보다 개선되었다고 평가하고 있다. 교사들은 학교장에게 민주적 절차를 넘어 실천적 리더십을 요구하는 등 학교장에게 다양한 주문을 하고 있다. 특히 교장과의 대화를 부담스러워하지 않게 되었다. 공모 교장으로서 교사들과 사적 이해관계가 없기 때문이다. 일반 학교 같으면 승진 전보에 얽힌 이해관계, 교육청의 방침을 의식한 행정 위주 관행, 교육적 의미 이전에 실적을 의식한 업무 처리 등 교육의 본질에서 벗어난 상황이 복잡하게 작동되기 때문에 관리자들과의 대화가 편치 않다. 교장과의 관계에서 교육 외적인 면에 신경 쓰지 않아도 된다는 것은 분명 큰 변화이다.

학부모회 활동도 자율과 소통, 의사 결정의 민주화를 중시한다. 2008년에는 '공부하는 학부모'라는 모토 아래 '자녀와의 의사소통'

을 주제로, 2009년에는 '부모-자녀 세대간 차이 극복'을 목적으로 '요즘 우리 아이들의 특성 이해'를 주제로 정기 강좌를 개최했다. 공통의 관심사를 통해 서로 이해하고 교류하면서 자연스럽게 자녀들에 대해 이야기 나눌 수 있는 기회를 마련하기 위해 '가족과 함께 책 읽기' 같은 행사도 기획했다. 정기적으로 학교에서 영화를 함께 보기도 한다. 때로는 자녀들이 함께 참여하기도 한다. 아버지들은 자녀교육에 관심은 있어도 막상 자녀의 성장 과정을 가까이에서 지켜볼 기회가 많지 않다. '아이들과 친해지기'를 목표로 격주 토요일마다 아버지들과 아이들이 함께 축구 경기를 한다. 학부모회는 음식을 마련해 준다.

＊
등교하는 토요일 오후, 아버지들은 아이들과 축구 모임을 한다. 아버지들이 직접 먹을거리를 싸 와서 밥도 하고, 고기도 굽는다. 2007년에 처음 시작된 아버지 축구 모임은 2010년부터 학부모회의 공식 사업이 되었다. 이 바람에 아이들은 축구 동아리를 결성했는데 지금은 26명이나 되는, 교내에서 제일 큰 동아리로 활약하고 있다.

학교를 바꾸다 - 교장공모제 학교 2년의 기록

내 자식만이 아니라 모든 아이들이 우리 지역의 자식이라는 생각을 가지고 학부모들이 활동했습니다. 학교와 선생님들이 열심히 하는 모습을 보면서 학부모들도 힘을 실어야겠다는 생각이 모아졌지요. 아이들을 보는 눈이 학부모와 교사들이 다를 수 있으니 선생님들과 가까이서 대화하는 게 중요하다고 여겼습니다.

민영자(학부모회장)

학부모 모임은 농촌의 일과가 끝난 저녁 시간에 학교에서 이루어진다. 학부모회는 또 학년별로 연 2회 교사와 학부모 간담회를 주최한다. 이런 학부모 활동은 학부모회의를 통해 학부모들이 자율적으로 결정하여 추진한 것이다. 학부모 중 몇몇은 학교 교육활동에도 참여한다. 생태체험 특성화 교과 수업시간에는 농사를 짓는 학부모들이 직접 보조교사로 나선다. 방과후학교에도 학부모들이 강사로 나서기도 한다.

방과후학교 강사를 하면서 아이들에 대해 많이 알게 되었어요. 다른 아이들을 보면서 내 아이에 대한 이해도 깊어졌고 다른 아이들을 보는 생각도 바뀌었지요. 학교에서 하는 여러 가지 일들에 대해서도 많이 이해하게 되면서 교육이 멀리 있는 게 아니라는 생각을 갖게 되었습니다.

석미경(방과후학교 학부모 강사)

학교 교육과정을 통째로 놓고 고민하다
한국의 초·중등 교육은 서울 학교든 도서벽지 학교든 똑같은 내용을 가르치고 공부한다. 국가공동체의 모든 구성원에게 요구되는 태도와 자질을 함양함으로써 사회 통합력을 높이고 동일한 교육 기회를 보장하는 것은 오래 전부터 인류가 꿈꾸어 왔던 모습의 하나로 마침내 '근대'에 접어들면서 가능하게 된 것이기도 하다. 이런 점에서 모든 학교가 국가가 정해 놓은 교육과정을 동일하게 적용하는 것은 강점이자 장점이라고 말할 수 있다. 그러나 학교에서 동일한 교육과정이 획일적으로 이뤄지는 것은 단점이자 약점일 수 있다. 개개인의 특성이 다르고 가정의 사회경제적 배경이 다르고 지역사회의 교육 여건이 다르기 때문이다. 국가가 주도하여 모든 학교에 교육과정을 획일적으로 적용하

는 것은 교사들에게 유리한 측면이 많지만 아이들의 특성이나 가정과 사회의 차이가 반영될 수는 없다. 홍동중은 학교 교육과정을 통째로 놓고 고민을 하기 시작했다.

학교는 학습이 일어나는 곳이어야 합니다. 학생들이 스스로 공부할 수 있는 공간이자 공부하는 방법을 제시하는 곳이어야 합니다. 모름지기 학교의 변화는 결국 학교 교육과정의 편성과 운영상의 변화를 말합니다. 누구에게 무엇을 어떻게 가르칠 것인가의 문제에 대한 진단과 처방이 있어야 합니다. 교사용지도서를 카세트에 녹음해서 교탁 위에 올려놓고 들려주는 식의 교육이어서는 곤란합니다.

＊
2007년 11월 홍성군 방과후페스티벌에서 〈사랑〉과 〈알함브라 궁전의 추억〉을 연주하는 클래식 기타반.

학생 개개인에 대한 분석과 진단이 있어야 하며, 미래 사회에 대한 비전과 지역 특성에 대한 이해가 필요하며, 학생의 처지와 수준을 고려해 가르치는 교수방법이 있어야 합니다. **이정로 교장**

공립학교가 변모하기 위해서는 많은 변수와 조건들이 충족되어야 한다. 교장의 개혁 의지, 교사들의 헌신성과 전문성, 학부모와 지역사회와의 공감대 형성 등이 그것이다. 여기에 교육행정기관의 협력과 지원이 더해져야 가능하다. 홍동중은 4년 임기를 보장받고 부임한 공모 교장의 의지, 공모 교장을 선택하는 과정에서 형성된 학부모와 지역사회의 공감대, 공모 교장과 함께 학교를 새롭게 만들어 보려는 교사들의 의지가 확보되었다. 이런 조건은 기존의 관료적 체제에서 쉽게 형성되기 어려운 변수와 조건들이다.

홍동중은 학교 교육과정을 새롭게 구성하기로 했다. 이정로 교장이 부임한 지 한 학기가 지난 시점인 2007년 겨울방학 때 전 직원이 평가 겸 연수회를 가졌다. 이 자리에서 이정로 교장은 자신의 학교운영 방침을 소상하게 밝히고 계획을 논의하도록 했다. 교육과정 편성의 원칙과 방향이 이 자리에서 검토되었다. 이후 매년 자체 평가를 거쳐 학교 교육과정을 수정·보완하고 있다.

홍동중은 교육과정의 중심 과제를 여섯 가지로 정했다.

- 생애 설계를 위한 진로교육
- 원활한 소통을 위한 인성교육

- 통합적 사고력을 통한 문제해결 능력

- 무한한 가치를 생산하는 창의력

- 삶의 의미를 발견하는 인문학적 소양

- 예술적 감성과 아름다움을 창조하는 능력 향상

이 중심 과제를 각 항목별로 보면 수단(과정)과 목표로 구성되어 있다. 진로교육, 인성교육, 통합적 사고력 신장, 창의력 신장, 인문학적 소양 계발, 예술 활동 등은 수단에 해당하고, 생애 설계, 원활한 소통, 문제해결 능력 함양, 무한한 가치 창출, 삶의 의미 발견, 아름다움을 창조하는 능력 향상 등은 목표를 밝힌 것이다.

홍동중 교육과정의 중심 과제

수단(과정)		목 표
진로교육	◑	생애 설계
인성교육	◑	원활한 소통
통합적 사고력 신장	◑	문제해결 능력 함양
창의력 신장	◑	무한한 가치 창출
인문학적 소양 계발	◑	삶의 의미 발견
예술 활동	◑	아름다움을 창조하는 능력 향상

학교 교육과정의 중심 과제를 이렇게 정한 데는 나름대로 철학적 배경이 깔려 있다. 인간에 대한 존중과 신뢰이다. 교육과정의 중심 과제는 인간에 대한 존중과 신뢰를 현대적 학습 환경에 맞게 표현한 것이라고 볼 수 있다. 즉 누구나 통합적 사고력을 신장시켜 각자 자

기가 처한 상황에서 문제를 해결할 능력을 키울 수 있으며, 누구나 창의력을 신장시켜 무한한 가치를 창출할 수 있다는 것이다. 마찬가지로 누구나 인문학적 소양과 예술체험을 통해 삶의 의미를 발견하고 아름다움을 창조할 능력이 있다고 보는 것이다. 여기에 인성교육을 통해 사람들과 원활한 소통을 할 능력 역시 누구나 키워 갈 수 있으며 이 모든 자기 생애를 설계하도록 하는 진로교육의 필요성을 언급한 것이다.

그렇다면 이러한 중심 과제를 교육과정에 어떻게 담아낼 것인가.

국가가 정해 놓은 초·중등 교육과정은 국어, 영어, 수학 등 교과활동과 계발활동, 봉사활동 등의 특별활동 그리고 교과 재량, 창의 재량 등의 재량활동으로 구성되어 있다. 이 중 교과활동은 초등학교 1학년에서부터 고등학교 1학년까지 10년간 적용할 과목과 시수가 이미 정해져 있는 소위 '국민공통기본교육과정'이다.

홍동중이 교육과정을 편성하는 데 접근한 전략은 세 가지이다.

첫째, 국민공통기본교육과정은 운영상 질적 향상을 꾀한다.

교과 중심의 '지식기반 교육과정'만으로 통합적 사고 능력과 문제해결 능력을 기르기에는 한계가 있습니다. 이제는 지식기반 교육과정에 '역량기반 교육과정'을 보완하여 미래 사회의 변화를 이끌어 가는 인재를 육성하여야 합니다. 미래 역량은 교과서와 참고서보다는 체험과 노작교육을 통해 더 효과적으로 길러질 수 있습니다. **이정로 교장**

이정로 교장은 국민공통기본교육과정이 지식 교육 위주로 이루어져서 통합적 사고 능력과 문제해결 능력이 제대로 키워질 수 없다고 생각한다. 따라서 이를 보완하기 위해 평상시 수업에 새로운 교수·학습 방법을 도입·적용하며 특성화 교과를 개설할 필요가 있다는 것이다.

둘째, 미래 사회의 핵심역량 강화를 위해 특성화 교과를 개설하며 이를 재량활동을 통해 구현한다.

중학교 시기에 학생들이 뚜렷한 자기 진로 전망을 가질 때 학습동기가 유발된다고 할 수 있습니다. 학생 스스로 자신이 공부하는 이유를 알고 학습에 임해야 합니다. 그러므로 학습을 통해 이루려는 자기 전망, 생애 설계가 반영된 진로교육을 통해 자기의 진로 전망을 갖는 것이 중요합니다. 그리고 학생들이 지역을 배워야 합니다. 지역을 배우고 여러 구성원들과 어울려 지속가능한 삶, 지역공동체를 꿈꾸는 삶을 살아가기 위해서는 지역의 특색에 맞는 생태교육이 필요합니다. 생태교육은 곧 인간과 자연이 공존하는 삶의 교육이며 그 자체가 평화교육입니다. 지식의 양이 늘어나는 단계에 접어들수록 소통과 배려를 기본으로 하는 인간관계 형성이 절실하다고 봅니다. 특히 청소년기에는 인간성 함양과 올바른 가치관 형성을 위해 체계적인 인성교육이 필요한 시기입니다. **이정로 교장**

위와 같은 배경 아래 진로교육, 생태체험교육, 인성교육 등 세 가지 특성화 교과를 신설하여 재량활동으로 편성했다.

셋째, 교육과정의 세부적인 구성과 운영에서 지역화 교육과정을 지향한다.

'농촌'과 '지역'을 어떠한 형태와 내용으로든 학교 교육과정에 반영할 필요가 있습니다. 도시 교육환경과 비교할 때 농촌이 처해 있는 환경은 여러 면에서 대비적이지요. 불리한 여건도 있지만 상대적으로 유리한 측면도 있음에 주목해야 합니다. 아울러 홍동이라는 지역이 갖고 있는 특성을 교육과정에 반영할 필요가 있습니다. 농촌 마을인 홍동 지역에 형성되어 있는 지역의 특성을 학교 교육과정에 반영하는 것은 마을의 아이들에게 너무도 당연한 일이지요. **이정로 교장**

지역화 교육과정은 농촌이라는 환경과 홍동이라는 특정한 지역을 학교교육에 반영해야 한다는 필요성을 담은 것이다. 지역을 학교에 반영하고 학교가 지역과 소통할 때 학생들이 지역의 주체로 성장한다는 신념이 반영된 것이다.

이런 문제의식을 바탕으로 홍동중 교육과정, 이름하여 '푸른꿈 교육과정'을 만들었다.

진로교육을 통해 학생들의 진로 전망과 학습동기를 형성하고, 학습동기가 생기게 되어 자기 연마와 학력 향상을 위해 스스로 노력할 때 학교는 학생 개개인의 개성과 수준에 맞게 학습을 안내할 수 있습니다. 인간과 자연의 공존을 가르치는 생태학습으로 이끌어 주어 생명평화와 지역의 가치를 알게 하고 나아가 인문학적 소양을 키워 소통하고 관계 맺는 능력을 키워 주고자 하는 것이 '푸른꿈 교육과정'입니다. **민병성 교사**

농촌 학교 희망, 지역화와 특성화에서 해법을 찾는다

홍동중 교사들은 지역의 물적 기반과 인적 자원을 활용하여 학교에서 실천할 수 있는 일들을 만들어 냈다. 이른바 지역화 프로그램이다. 전체적인 방향은 생태친화적 체험학습 프로그램이다. 지역화 프로그램은 지역의 교육적 인프라를 분석하는 일부터 이루어졌다. 교사들은 생태 건축, 생태 에너지, 생태친화적 농축산물 생산 가공 시설 등 물적 인프라와 생태, 공예, 건강 분야의 인적 인프라에 주목했다. 농사 체험, 숲 체험, 천체 관측 등의 '자연 영역', 유기 축산, 생태 건축, 대체 에너지, 심성 수련, 대체 의학 등 '생태적 삶 영역', 천연 염색, 전통 음식, 전통 놀이, 전통 악기, 전통 공예, 들소리 배우기 등 '전통 영역', 마을 이야기 듣기, 마을 그림지도 그리기, 상여 소리 배우기 등 '마을 알기 영역' 이 학습주제로 등장했다.

홍동중의 지역화 프로그램 사례는 학술적으로나 정책적으로 많은 시사점을 제공한다. 특히 도시에 비해 교육 인프라가 약한 농촌지역에서 교육활동을 극대화할 방안의 하나로 주목할 수 있다. 홍동중을 중심으로 한 지역사회 연계 프로그램은 '학교 연계형 사업' 과 '지역사회 연계형 사업' 으로 구분하여 이해할 수 있다. 학교 연계형 사업으로 홍동지역범교과교육과정연구회와 연합 방과후학교 햇살배움터가 있으며, 지역사회 연계형 사업으로 홍동거리축제와 '지역 인프라 활용 체험환경교육 프로그램' 이 있다.

*

홍동중은 해마다 농사체험을 한다. 봄에는 손 모내기로 지역 주민의 논에 모내기를 하고, 가을에는 벼 수확 체험을 한다. 노작교육과 전통문화교육을 곁들인 농사체험을 통해 옛사람들의 지혜도 배우고 소 리꾼과 풍물패를 모셔다 농요를 배우기도 한다. ◐ 문당리에서 벼 수확 농사체험을 한 뒤 떡메를 치는 아이들. ◐ 지도교사의 안내대로 짚단 묶는 요령을 배우는 아이들. ◐◐ 학교 인근 마을 논에서 전교생 이 손 모내기를 하고 있다. 이날 약 500여 평의 논에 전교생이 모를 심는 데 두 시간이 걸렸다.

학력 향상을 위한 농촌 학교만의 특별한 프로젝트

홍동중의 학교개혁 사례 중 눈여겨볼 대목은 '학력 향상'을 위한 전략이다. 홍동중은 농촌 학교로서 학교가 처한 안팎의 조건 그리고 학생들의 사회경제적 실태를 파악해 학교 실정에 맞는 학력 향상 전략을 수립했다.

농촌 학교 학생들의 학력은 대도시 학교 학생에 비해 언어 영역 20점, 수리 영역 30점, 외국어 영역 22점 정도(각 120점 만점 기준)가 낮다. 2005년에 교육과학기술부가 발표한 지역별 학업성취도 비교에서 광역시와 읍면을 비교한 수치가 그렇다. 그런데 이 조사 결과에서 유념할 것은 도농간 학업성취도를 비교하면 원점수에서는 큰 차이가 있지만 학생 배경, 학교 배경, 과외 참여 등의 영향을 제거하고 학교교육에 의한 차이만을 비교해 보면 도농간 학업성취도 차이가 그리 크지 않다는 것이다. 도시 학생에 비해 농촌 학생의 학력이 떨어지는 것은 학교교육 이외의 다른 조건들 예컨대, 사교육이라든가 가정 및 사회의 교육 지원 등이 격차를 유발하는 요인이라는 것이다. 특히 가정 배경이 도농간 학업성취도의 차이를 낳는 주요인이라는 분석이다. 가정 배경은 구체적으로 부모의 사회경제적 수준, 부모와 자녀 간 상호작용, 부모의 자녀에 대한 교육적 지원 등을 의미한다.

도시 학생과 농촌 학생이 서로 다른 여건에서 학습한 결과를 그대로 인정하는 것은 사실상 농촌 학생에 대한 차별이 될 수밖에 없다. 근본적으로 불리한 여건에 있는 농촌 학교에 대한 교육적 성찰이 필요하다.

농촌 학생에 대한 학력 대책은 몇 가지로 나누어 볼 수 있다.

첫째는 농촌지역의 경제력을 확대하고 농촌지역의 복지 인프라를 강화해서 농촌 주민의 삶의 질을 높임으로써 농촌 사회와 가정의 교육 지원 역량을 끌어올리는 것이다.

두 번째는 농촌의 부족한 사회적, 가정적 여건을 학교가 채워 주는 것이다. 농촌 사회와 농촌 가정이 안고 있는 교육적 취약점을 학교가 직접 나서서 보완해 줌으로써 학생들의 학력을 높이는 방법을 말한다.

세 번째는 농촌 학교의 교육과정을 도시지역과는 다르게 특성화하여 운영하고 그 결과를 사회적으로 인정하는 것이다.

농촌 학교인 홍동중의 고민은 이 지점에서 출발했다. 홍동중은 승산 없는 경쟁에 몰두하기보다 농촌 현실을 반영하여 학생들의 소질이나 능력을 개발할 수 있는 프로그램이 필요하다고 생각했다. 위 세 가지 대책 중 세 번째인 '농촌 학교의 교육과정을 도시지역과는 다르게 특성화하여 운영'하는 전략을 수립했다.

홍동중은 아이들의 진로를 염두에 둔 학력 확보 대책을 세웠다. 구체적으로 학생의 능력과 소질을 고려한 맞춤형 교육과정 운영, 교육과정 운영의 유연화, 수업 혁신 등 3개 영역으로 구분했다. 학력 확보 방안을 내용상으로 보면 언어 · 영어 · 수학 기초학력 증진, 통합교과적 사고력 향상, 문제해결 능력 향상에 초점을 맞추고 있다. 학력 확보를 위한 수단으로는 수준별 교재 재구성, 방과후학교와 방학 중 집중이수제 도입, 학습하는 방법의 학습, 학습 모둠 운영 등을 통한 기초학력 증진 프로그램을 한 축으로 하고, 독서 이력철 도입, 개인별 독서 지도, 독서 토론 모둠 운영 등을 통한 맞춤형 독서 프로그램과 특기적성 강화, 주제별 교과통합학습 운영, 교과 간 협동학습 등을 통한 통합교과적 사고력 향상 프로그램을 병렬 배치했다.

> 과학을 가르친다기보다는 학습 능력을 가르친다고 생각하고 수업에 임합니다.
> 학습내용을 메모하도록 지도하고 듣기와 요약하기를 함께 할 수 있도록 하지요.
> 학생들에게 복습과 질문을 강조합니다. 이런 과정을 거쳐서 그런지 학기 초에
> 비해 놀랍도록 아이들이 변화한 것을 확인할 수 있었습니다. **김재봉 교사**

　학력 향상 방안과 관련하여 홍동중은 교육과정 운영상 다양한 방법을 도입하고 있다. 학교 교육과정이 판에 박힌 듯 경직되게 운영되는 현실을 타개해 보자는 문제의식에 따른 것이다. 교육과정의 다양한 운영 사례로 재량활동·특별활동 교육과정의 창의적 운영, 주제가 있는 체험학습, 통합교과 운영 등을 들 수 있다.

　홍동중의 학력 신장 프로그램을 하나하나 뜯어 보면 각각의 프로그램은 일반 학교에서도 실시하고 있는 것들이 많다. 그럼에도 홍동중만의 특별한 계획이 관철되고 있음을 볼 수 있다. 먼저 지식교육에 치중하기보다 학생들에게 지적 자극을 주며 학습동기를 유발하기 위한 프로그램을 많이 계획했다. 독서교육, 체험 중심 프로그램, 주제별 교과 통합학습 프로그램 등이 그것이다. 또 협동학습, 토의학습 등 다양한 학습 형태를 도입하고 있다.

　학습부진 학생에 대한 지원망도 촘촘하게 짜서 운영하고 있다. 홍동중에서는 모든 학생들의 학습력을 진단하고 학부모 상담을 통해 학생들의 학습 관련 심리 상태를 분석해서 개별화된 학습 계획을 만든다.

일반 학교에서 학습부진 학생에 대한 지원이 주로 '결과' 즉 학업성취도에 기초하여 진행되었다면, 홍동중에서는 학습부진의 '원인'으로부터 출발하고 있다. 이는 학생 수가 적은 소규모 학교라는 조건에 교사들의 열정이 보태져 가능했다.

학습자 중심 수업 혁신

학습자 중심 수업 혁신은 홍동중의 중점 교육활동의 하나이다. 교사 위주의 전통적인 교수법으로는 다양한 지식과 정보를 습득하는 데 한계가 있을 수밖에 없다. 지역과 소통하며 지역의 교육 자원을 적극 활용하는 일은 일제식, 강의식, 주입식 교수법으로 담아낼 수 없다. 수업 혁신이 동시에 추진될 때 지역화 교육과정도 가능하다.

수업 혁신 계획을 구체적으로 보면 '서로를 살리는 협동학습' '표현 능력을 향상시키는 토론학습' '지식을 만들어 가는 프로젝트 수행 방식의 통합교과학습' '체험 중심의 창의적 재량활동 운영' 등 4개 분야로 구성되어 있다. 각 학습 형태별로 추구하는 방향이 설정되어 있다. 창의적 재량활동의 경우 체험, 탐방, 조사, 초청강연, 공연 등 다양한 방식으로 이뤄지고 있으며 이들 각 프로그램에는 지역 인프라를 적극 활용하고 있다. 통합교과 운영은 홍동중이 실천하고 있는 또 다른 교육 실험이다. 1학년 '잘 먹고 잘 살기', 2학년 '평화 통일을 지향하는 마음 다지기', 3학년 '전통 문화 속의 과학' 등을 실시하고 있다. 통합 교과 운영과 더불어 협동학습, 토의학습 같은 다양한 학습 방법을 도입함으로써 학습자 중심의 수업 혁신을 추진하고 있다. 협동학습은 홍동중 수업 혁신의 브랜드라고 할 만한데 방학 중 10일 동안 학생들이 모둠을 구성해 지난 학기에 배운 국·영·수·사·과 다섯 과목을 학생이 '교과 선생님'이 되어 다른 모둠에게 가르쳐 주는 자기주도적학습 방법이다.

> 협동학습은 수준차가 있는 학생들을 모둠으로 묶어서 하는 수업인데요, 처음에는 지루한 느낌도 있었으나 자꾸 하니까 재미있어졌습니다. 아이들 앞에서 제 생각을 발표하는 능력이 커진 것이 굉장히 좋았지요. **오세건(1학년)**

> 협동학습은 애들이랑 같이 하는 공부인데 서로 도와주면서 문제도 직접 내고 문제풀이도 같이 해요. 문제를 만드는 것은 교과내용을 확실히 복습을 한다는 면에서 도움이 되고요. 친구들한테 문제 내고 설명 자료를 만들고 하는 과정이 재미있어요. **명지민(2학년)**

협동학습은 한두 명의 지도교사가 배치되어 시간 관리와 학습지 만드는 것을 도와주는 일 외에 모든 학습은 학생 스스로 진행한다. 학생들이 다른 모둠에게 자기 모둠 교과를 가르쳐 주기 위해서는 섬세하게 준비해야 하는데 이 과정에서 진정한 학습이 이루어진다고 보기 때문이다.

거꾸로 가는 교육과정

홍동중은 특성화 교과를 운영하고 있다. 농촌 학교 교육의 특성화를 꾀하고자 하는 것이다. 특성화 교과는 창의적 재량활동 시간을 이용해 이루어진다. 주5일제 수업이 월 2회 실시되면서 대다수 학교들은 창의적 재량 시수를 줄이거나 겨우 명맥을 유지하고 있다. 홍동중은 주당 1시간이던 창의적 재량활동을 2.5시간으로 늘여 운영하고 있다. 거꾸로 가는 학교인 셈이다. 거꾸로 가고 싶어서 거꾸로 가는 것이 아니라 거꾸로 가야 할 이유가 있다고 보았기 때문에 거꾸로 가는 것이다. 도시의 학교와 똑같은 방식으로는 살아남기 힘들다는 문제의식에서 비롯된 것이며 적극적 의미로는 대한민국의 학교이기 이전에 홍동 지역의 학교이고자 하는 전략인 것이다.

홍동중의 창의적 재량활동은 세부적으로 들여다보면 흥미 있는 대목이 있다.

첫째, 도교육청의 기본 지침을 따르지 않고 있는 점이다. 일반 학교들이 창의적 재량활동을 범교과학습 또는 자기주도적학습이란 편성 영역에 따라 운영하는 데 비해 홍동중은 범교과 및 자기주도적학습을 0.5시간만 편성하고 특성화 교과를 2시간 신설했다. 그러다 보니 홍동중은 주5일제에 따른 수업시수 감축이 없다. 또 일반 학교들은 범교과 학습의 경우 도교육청이나 지역교육청의 강조 사항, 예컨대 성폭력 예방, 학교 폭력 예방, 정보화 교육, 보건 교육 등을 의무 이행 사항으로 받아들여 이들 프로그램 위주로 편성하는 데 비해 홍동중은 이들 중 일부만을 반영하고 농사체험, 장애체험 등의 프로그램을 운영하고 있다.

둘째, 일반 학교들이 창의적 재량활동을 형식적으로 운영하는 분위기라면 홍동중은 창의적 재량활동을 학교 발전의 전략적 지점으로 인식하고 있는 점이다. 그리하여 창의적 재량활동 시간을 자투리 시간으로 취급하지 않고 정규 수업시간으로 편성하여 운영하고 있다.

홍동중의 창의적 재량활동은 1학년 진로, 2학년 생태, 3학년 인성으로 운영되고 있다. 진로교육은 자신에 대한 이해와 변화하는 직업 세계에 대한 정보를 습득하여 자신에게 맞는 직업적 전망과 생애 계획을 설계할 능력을 키우기 위한 목적으로 편성되었다. 진로에 대한 문제의식은 학습동기와 직결되는 것으로 학교생활을 목적의식적으로 할 수 있도록 도와주는 촉매가 된다. 농촌지역에서 살아가는 학생들의 경우 도시와는 달리 다양한 직업 세계에 대한 정보를 접하기 어려운 현실을 반영한 것이다. 생태교육은 농촌지역에서 자연과 더불어 살아가는 생명·평화교육으로 설정했다. 이론 위주의 생태학습이 아니라 밭농사를 직접 체험하면서 작물이 살아가는 환경에 관한 이해를 하도록 하고, 유기농업의 생태적 원리를 터득케 한다. 또 농업과 농촌에 관한 실상을 접하게 함으로써 농촌의 문제점과 가능성을 동시에 이해하도록 한다. 이들 활동은 강의식이 아니라 체험, 탐방, 토론, 조사 활동 등 다양한 학습방식으로 전개하고 있다. 3학년 인성교육은 인문학을 바탕으로 삶의 의미와 방식, 그리고 사람과의 관계 등을 학습하여 '스스로 서고 더불어 살아가는' 태도를 기른다.

국가가 만든 교육과정에 안주하는 것이 아니라 학교 실정에 맞게 교육 프로그램을 운영하는 길은 또 있다. 방과후학교가 그것이다. 위에서 소개한 학교 연합 방과후학교인 햇살배움터 외에 홍동중이 자체적으로 운영하는 방과후학교가 있다.

우리 학교는 학원에 다니는 학생이 거의 없어요. 예체능이라든가 자기의 특수한

진로 때문에 가는 경우 외에 교과 공부 때문에 학원 가는 애들은 거의 없어요.

양준식(2학년)

입시경쟁이 격화하면서 학부모들이 방과 후에 자녀들을 입시 학원
에 보내거나 과외 공부방으로 내모는 일이 사회적으로 문제가 된 지
오래다. 교육 당국은 학교교육 정상화라는 이름의 각종 정책을 쏟아내
보지만 백약이 무효다. 급기야 사교육을 학교로 끌어들여 사교육을 잡

으려는 방안까지 등장했다. 방과후학교 정책이 그것이다. 그럼에도 문제해결의 실마리는 보이지 않는다. 김대중 정부 시절 사교육 대책의 하나로 방과후 특기적성 교육을 시행한 것은 이제 와서 보면 차라리 순수했다. 중·고등학교에서 교과 이외 분야를 중심으로 한 특기적성 교육은 이제 먼 옛날의 일이 되었다. 최근에는 초등학교까지 특기적성 교육은 사라지고 교과 학습에 치중하고 있는 실정이다.

홍동중은 1, 2학년을 대상으로 방과후학교 프로그램에 '1인 2기' 문화·체육·예술 프로그램을 도입했다. 사물놀이, 기타, 한지 공예,

*
◎ 특성화 교과인 〈생태와 인간〉 수업시간에 자신들이 직접 기른 고구마를 수확하고 있다. ◎ 〈생태와 인간〉 시간에 아이들이 허수아비를 만들어 논에 세우러 가는 길에 수줍어하면서 활짝 웃고 있다. ◎ 배추와 무로 김치를 담가 서로 먹여 주는 포즈를 취했다.

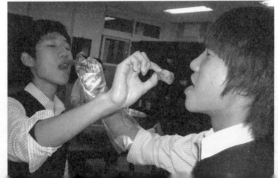

<재량활동을 활용한 특성화 교과 운영>

1학년	2학년	3학년
진로와 직업	생태체험	인성교육
● 삶과 직업	● 나의 이해	● 긍정적 사고
● 변화하는 직업 세계	● 생태의 이해	● 진로 설계
● 진로 계획	● 농업 시설	● 지혜로운 삶
● 진로와 진학	● 작물의 이해	● 신념을 갖자
● 행복한 직업 생활	● 먹을거리의 이해	● 좋은 습관
	● 주변 환경과 생태	● 언어생활
	● 물과 흙	● 좋은 관계 맺기
	● 농업과 인간	● 감사하는 삶
	● 농업과 지역	● 미덕 키우기
	● 농업과 세계	

합창, 컴퓨터, 영어 회화 등의 프로그램을 1학기에 2개씩 수강하도록
한다. 매주 화요일과 금요일 방과 후 2시간씩 주당 4시간. 연간 시수
로 볼 때 국어, 영어, 수학 등 소위 도구 과목의 시수에 버금가는 수준
이다.

방과후활동에서 밴드 하는 게 재미있어요. 좋아하는 것 하니까. 힘든 만큼 보람
을 느끼는 게 좋아요. 공부하면서 밴드 하면 오히려 공부하는 데도 도움이 돼요.

강지오(2학년)

방과후학교는 학교교육에서 경험할 수 없는 프로그램을 하기 때문에 관심이 많
아요. 또 프로그램도 다양해서 하고 싶은 것을 골라서 할 수 있어서 좋아요.

김연길(1학년)

* 문화예술교육의 하나인 그림자극은 학생들의 집단 심리치료 방법으로 활용되기도 한다. 재량활동 시간에 충남교육연구소 소속 강사들의 지도로 아이들이 그림자극을 만들어서 자신들의 이야기를 공연하고 있다.

확실히 홍동중은 일반 학교의 기준에 비추어 보면 거꾸로 가는 학교로 보인다. 홍동중이 방과후학교 프로그램으로 문화 · 체육 · 예술 관련 소재를 택한 데는 나름의 이유가 있다. 농촌지역이 도시지역에 비해 불리한 점들 중 하나는 사회문화적 자본이 부족하다는 것이다. 도시에서는 다양한 문화적 접근이 가능한 데 비해 농촌에서는 접근 자체가 불가능한 경우가 대부분이다. 사회문화적 자본은 도농간 학력격차의 원인이 되기도 한다는 점에서 문화적 경험의 기회를 늘리는 것은, 농촌 사회가 충족시켜 주기 어려운 부분을 학교가 채워 준다는 의미가 있다. 문화적 소재를 중심으로 한 방과 후 프로그램은 도농간 학력격차를 줄이려는 소극적 의도를 넘어서 농촌 학생들에게 문화적 감수성

✳
방과후활동 가운데 가장 인기 있는 밴드반. 홍성군 내 유일한 중학생 밴드인데, 여느 고등학생 밴드보다 연주 실력이 낫다는 평을 받고 있다. 몇몇 아이들은 방학 때 하루도 안 쉬고 나와 연습하기도 했다.

을 키워 주고 이 아이들이 미래에 농촌 사회의 주체로 서게 한다는, 보다 적극적 의미로 볼 수 있다. 이는 또 교육적 의미에서는 농촌 학생 개개인에게 진로 탐색의 계기로 작용할 수도 있을 것이다. 이렇게 보면 문화적 소재를 중심으로 한 방과후학교 프로그램은 거꾸로 가는 것이 아니라 농촌 학교로서 전략적 선택인 것이다.

농촌 현실을 반영한 지역화 교육과정
농촌이라고 하는 지역 현실을 반영하여 교육 프로그램을 특성화하려는 노력은 앞에서 설명한 것 외에도 곳곳에서 다양한 수준으로 반영되어 있다. 홍동중은 조손 가정이나 한부모 가정이 많은 것을 반영하여

인성교육을 강화하고 있다. 생활 습관, 생활 예절, 생활 규범에 관한 기본 사항을 정하여 이를 철저히 적용하고 있다. 생활 교육과 함께 원만한 대인 관계 형성을 위해 집단상담을 실시하고 있고, 인성교육을 진로교육 프로그램과 연계하여 운영하고 있다. 다문화 이해 교육 역시 강조하는 것 중의 하나다.

홍동중의 가장 큰 장점은 교사와 학생의 일대일 관계 맺음이 잘 되고 있으며 작은 학교의 장점을 잘 살리고 있다는 점입니다. 교사가 학생 한 명 한 명을 잘 파악하고 있습니다. 학생들도 교사들에 대해 '우리를 이해해 주는 어른이다'라는 인식을 갖는 것이 중요합니다. 자기 이름조차 모르는 교사와 지내며 '많은 학생 중 한 명'으로 대접받는 게 아니라 아이들이 교사로부터 인격적 대우를 받고 있다는 느낌을 갖는 것이 중요하지 않겠어요. 홍동중에는 방치되는 아이들이 없어요. 학업성취도 수준만으로 평가받지 않고, 성적으로 친구가 맺어지는 것이 아니라 다양한 기준으로 학생들을 보려고 노력하는 학교라고 생각합니다.

안정순(학교운영위원장)

또 통학 조건이 좋지 않은 아이들을 고려해 방과 후에 도서관을 개방하고 있다. 이 같은 계획들은 모두 농촌이라는 지역 현실을 반영한 교육적 배려이다. 2009년 들어 교육과학기술부로부터 돌봄학교와 농산어촌전원학교 예산을 추가로 지원받아 통학 차량을 운영하고 학기 중에는 저녁 급식을, 방학 중에는 점심 급식을 제공하고 있다.

홍동중에서 교사들이 특별히 관심을 기울이는 부분은 학생자치이다. 홍동중 학생들은 각종 교내 행사를 자신들이 직접 주관하여 실시하고 있다. 자치활동은 스스로 참여하고 결정하는 역량을 기를 수 있도록 하며 학급이 아닌 학년 단위로 이루어진다.

> 우리 학교는 학생 수가 적어서 경쟁력이 부족할 것 같다는 이야기를 듣곤 하는데, 학생 수가 적으니까 함께할 수 있는 시간이 많고 서로 친하게 지내요. 다른 사람에 대한 배려를 잘하고, 그래서인지 왕따나 학교 폭력도 없어요. **양준식(2학년)**

> 다른 학교 친구들이 우리 학교를 부러워해요. 두발 자유에 토요일은 사복을 입을 수 있고, 또 여러 가지 체험활동을 하기 때문이지요. 동아리 활동도 잘 되거든요. **김다미(1학년)**

계발활동은 동아리를 조직하여 상시적으로 운영하고 있다. 봉사활동은 이타성, 자발성, 무보상성, 지속성을 담아내도록 하고 학부모와 함께 활동하는 프로그램을 개발했다. 해오름공부방이라고 하는 방과후 자율학습 시간은 교사가 순번대로 남아서 학생들을 돌보고 학생회 임원들이 하급생 학급에 들어가서 함께 공부하기도 한다. 이정로 교장과 교사들은 학생들의 회의 내용과 결정 사항이 어설프더라도 기다려주면서 자율적으로 이뤄지기를 기대했다.

홍동중은 모든 학생들의 학습 태도 및 학습 환경을 개별적으로 점검하여 개별화된 학습 능력 향상을 꾀하고 있다. 이른바 '학습 코칭' 방법을 통해 학생들이 능력을 최대한 발휘하도록 하는 것이다. 학습 동기, 학습 효용성, 집중력 검사, 귀인 검사 등 16가지 자기점검 항목을 체크하도록 하고 그 결과를 각 가정에 '학습 태도 및 학습 환경 점검 결과 통지문'으로 발송하고 있다. 이러한 점검을 통해 학생들은 '자신이 왜 공부하는지' '자신의 학습 장애 요인이나 장점은 무엇인지'를 알 수 있고 학부모들도 자신의 자녀에게 최적화된 학습 조건을 만들어 줄 방법을 모색하게 된다. 이러한 학교의 노력 역시 농촌지역의 교육 현실을 고려한 학교의 고육책이다.

때때로 보수적 논리에도 진보적 요소가 들어 있음을 우리는 경험한다. 그 역도 성립한다. 지역화 담론은 세계화 담론이 그 출발점이다. 세계화의 완성이 지역화이며 지역화는 세계화를 전제로 할 때 가능하다는 논리는 보수적 담론에 해당한다. 그러나 지역화가 세계화를 전제로 하든 안 하든 지역화는 그 자체로 인간화라고 하는 스펙트럼과 겹친다는 면에서 진보적 담론일 수 있다. 세계화를 전제로 한 지역화가 인간의 소외를 확대하는 기제로 작동할 수 있는 데 비해, 인간화를 염두에 둔 지역화는 인간의 사회적 소외를 줄이는 기제로 작동할 수 있다.

홍동중에서 이루어지고 있는 지역화 교육과정은 농촌이 처한 현실에서 농촌 학생들에게 학교가 무엇을 어떻게 해 주어야 하는지를 보여주는 사례이다. 지역은 사람의 성장에서 가정 다음으로 소통해야 할 공간이다. 국가교육과정에는 '지역'이 담겨 있지 않다. 개인과 국가만이 있을 뿐이다. 그러다 보니 개인의 성공을 바라보는 관점 역시 국가 수준이다. 사실 지역사회 수준에서 보면 많은 개인이 성공하는 삶을 살고 있다. 지역의 환경을 이해하며 지역적 사고를 하고 지역과 함께 자신의 삶을 살아가는 것으로 충분히 의미 있는 사람들이 많다. 그러나 이들조차 국가 단위로 평가하다 보면 왜소한 존재로 평가절하되기 일쑤다. 국가라는 실체 또는 국가라는 개념이 개인에게 폭력적으로 다가오는 경우다. 어떠한 힘이 폭력적으로 행사될 때 가장 많은 피해를 보는 이들은 힘을 많이 가지지 못한 사람들이다. 국가 단위로 학력이 평가될 때 농촌 학생들이 가장 큰 피해를 보는 것은 이러한 이유에서다. 홍동중도 국가 단위 내지 도 단위 학력평가를 의식하지 않을 수 없다. 현실이다. 소위 학력 증진 대책을 세워 이를 학교 교육과정에 실효성 있게 반영하는 것도 홍동중이 해내야 할 과제다.

농촌 학교의 개혁 모델

공모 교장이 온 이후 홍동중에는 전에 볼 수 없던 일들이 종종 벌어진다. 입학한 지 몇 달이 지났는데도 이정로 교장을 '진로 선생님'으로 알고 지낸 1학년 학생들이 있었다. 이정로 교장이 1학년 창의적 재량 활동의 '진로와 직업' 시간을 담당하고 있기 때문이다. 이정로 교장은 '수업하는 교장'이다. 교육과정을 지역에 맞게 특성화시켜 운영하다 보니 홍동중은 일반 학교보다 수업시수가 늘어났다. 늘어난 시수의 일부를 이정로 교장이 직접 맡았다.

2008년 봄 한겨레 신문에 우리 학교에 관한 기사가 실렸습니다. '이정로 공모 교장을 맞은 홍동중'이란 부제로 우리 학교에서 이뤄지고 있는 사례가 소개되자

이 학교에서 근무하고 싶다는 교사들의 문의가 이어졌습니다. 이 학교에 근무하는 교사로서 반갑고 기쁜 일이지요. **안은자 교사**

공립학교 교사들은 어떤 특정한 학교에서 근무하기를 희망하는 경우가 그리 많지 않다. 대개 거주지를 고려해서 희망하는 경우가 많고, 종종 승진 점수 관리 차원에서 희망 근무지를 선택하는 경우가 있다. 기사의 내용으로 미루어 홍동중은 교사들이 많은 희생과 고통을 감수하고 있는 학교임을 누구나 금세 짐작할 수 있다. 그럼에도 홍동중 근무를 희망한다는 것은 그 가치와 의미를 알기 때문일 것이다. 공립학교 교사들 중에는 대안적인 공립학교의 운영에 관심이 있는 사람이 적지 않다. 공립학교에서 교육의 본질과 거리가 먼 일들이 일상적으로 이뤄지면서 여기에 자연스레 적응해 버린 교사도 많지만 또 적지 않은 교사들은 여전히 '학교다운 학교' '교사다운 교사'를 꿈꾸며 살아가고 있다. 홍동중이 이런 교사들에게 '근무하고 싶은 학교'로 선택받은 것은 또 하나의 의미라고 할 수 있다.

홍성 읍내의 학생이 홍동중으로 전학 오는 사례도 생기고 있다. 홍동 학군 이외에서도 학부모의 입학 문의가 잇따랐다. 2010학년도에는 인천, 경기도 성남·용인, 전북 등 타시도에서 15명의 신입생이 홍동중으로 오기로 했다. 이들은 대개 도시지역에서 홍동 지역으로 귀촌하는 부모를 따라 홍동중으로 온 경우다. 홍성 읍내 학생 중 읍내 학교로의 진학을 포기하고 홍동중으로 입학을 희망하는 학생들도 많이 생겨나고 있다. 홍동중의 지역화, 특성화 전략이 농촌 학교를 유지시키는 사례가 될 가능성이 엿보이는 대목이다.

홍동중은 이제 전국적으로 주목받는 농촌 학교가 되었다. 타시도 농촌 학교에서 홍동중을 견학하러 오는 방문객도 부쩍 늘었다. 이런 관심은 한편으로는 부담스럽지만 학교를 성찰적으로 보게 하는 계기가 된다.

가야 할 길이 아직 먼데 외부로부터 주목받게 되어 부담스럽습니다. 알려진 것에 비해 내실이 부족한 면도 많거든요. 우리 학교를 보러 사람들이 올 때마다 우리 내부를 더 돌아보게 됩니다. 방문하시는 선생님들께 우리는 좋은 학교를 만들기 위해 함께 힘을 합쳐야 한다고 말합니다. **민병성 교사**

홍동중에 대한 정당한 평가가 요구된다

홍동중은 교육청 눈치를 별로 안 보는 학교다. 물론 공립학교로서 마땅해 수행해야 할 공적 책무에 해당되거나 교육청이 주관하는 일 중 교육적으로 의미 있는 일은 당연히 적극적인 자세로 임한다. 그러나 의무 사항이 아닌 한 홍동중의 현실을 고려해서 학교 나름의 판단을 하도록 중시한다.

홍동중은 지역과의 강한 연계를 바탕으로 하여 홍동중만의 지역화 교육과정을 개발하여 적용하고 있는 학교이다. 특히 학교교육의 모든 활동을 구성원의 자율과 참여로 이뤄내고자 노력하는 학교이다. 홍동중이 무엇을 의도했고 무엇을 이뤄냈는지, 어떤 점이 성과이고 어떠한 한계와 문제를 안고 있는지를 평가하려면 기존의 잣대로 홍동중을 평가해서는 곤란하다.

시도교육청의 학교평가는 도입 초기 평가 모형에 대한 문제의식을 반영하여 국가 차원에서 수정·보완한 뒤 적용하고 있지만 여전히 관료적이고 상급 기관이 평가한다는 점에서 학교에는 큰 부담이 되고 있다. 평가에 대비하느라 업무가 과중되고, 실적을 의식해서 형식적 문서를 생산하는 등 부작용도 크다. 학교의 책무성을 점검하지도 못하고 학교현장의 혁신을 유도하지도 못한다는 비판을 받아 오고 있다.

충남교육청의 홍동중에 대한 학교평가는 공모 교장 임기 4년 중 2년을 경과한 시점인 2009년 7월에 실시되었다. 학교평가라기보다는 학교장에 대한 평가였다고 하는 것이 맞다. 공모 당시 제시했던 학교경영계획을 제대로 추진하고 있는지를 확인하기 위한 평가였다. 이정로 교장은 부임 이후 추진한 사업과 활동을 꼼꼼히 챙겨 도교육청에 보고했다. 122쪽에 달하는 방대한 보고서였다. 이 보고서를 통해 이정로 교장과 교사들이 지난 2년간 어떤 활동을 어떻게 해 왔는지 일목요연하게 들여다볼 수 있다. 그렇지만 앞에서도 언급한 대로 행정기관이 주관하는 평가가 늘 그렇듯이 형식적이고 의례적인 평가를 탈피했다고 보이지 않는다.

평가는 책무 이행 상황을 점검하는 성격도 있지만 평가를 통해 활동을 지도하고 조언하는 역할이 더 큰 의미가 있다고 봤을 때 교육청의 교장공모제 학교 교장 평가는 제한적인 의미를 지닌다고 볼 수 있다. 홍동중은 공모 교장 부임 1년 뒤인 2008년 9월에 홍동중 평가 세미나를 연 적이 있다. 이 자리에서 충남교육연구소 연구진이 홍동중에 대한 평가 발제를 했으며, 홍동중 교직원의 평가 좌담회 녹취록이 공개되었다. 내부자들 사이에 이뤄진 평가 내용이 외부자들과 함께 공유되고 외부자의 시선으로 바라본 홍동중에 대해 논의하는 귀중한 시간이었다.

공모 교장에 대한 기대감이 큰 가운데 1년을 보내고 사실 아쉬움 같은 것도 있었지요. 여러 가지 일들이 펼쳐져 있긴 한데 집중점이 명료하지 않은 상태였습니다. 아마 다른 선생님들도 저랑 비슷했던 것 같아요. 많은 일을 기획하고 찾기보다 작은 부분이라도 분명하게 정리하자는 생각으로 평가 세미나가 이뤄졌던 것 같습니다. **안은자 교사**

안은자 교사의 말처럼 홍동중에 대한 평가는 도교육청이 주관하는 형식적이고 실적 위주의 평가보다는 내부 구성원의 자발적인 노력을 지원하고 상담하는 방식의 평가가 필요했다.

이정로 교장 임기 중 절반을 경과하는 시점인 2009년 하반기에는 위와 같은 목적을 가지고 충남교육연구소가 홍동중에 대한 평가 연구를 했다. 충남교육연구소가 주관한 평가는 공모 교장 부임 이후 기존의 노력과 성과를 바탕으로 홍동중이 과연 어떠한 교육적 성과를 낳고 있는지 그리고 어떠한 과제를 안고 있는지를 조명해 보고자 했다. 홍동중 사례를 외형적 성과 위주로 이해하기보다 구체적으로 어떤 과정을 통해 학교개혁을 추진해 나가는지 규명해 보고자 했다. 평가 결과가 홍동중의 성과와 한계를 드러내 주면서 자연스럽게 학교 컨설팅으로 이어지게 되기를 기대했다. 충남교육연구소는 홍동중을 평가하기 위해 독자적인 평가 모형을 개발하여 적용했다.

충남교육연구소가 수행한 홍동중에 대한 평가 결과를 소개하면 다음과 같다.

학교평가는 이를 통해 학교가 이룬 성과와 문제점을 확인하는 것 못지않게 극복해야 할 과제를 찾아내는 데 의의가 있다고 본다. 연구진은 홍동중이 극복할 과제로 다음 사항을 제시함으로써 홍동중에 대한 평가를 종합 정리하고자 한다.

첫째, 홍동중 교육과성의 특징인 특성화 교육과정에 대한 내실화가 필요하다. 특성화 교과가 개별 교사에게 추가적으로 맡겨져 있어 담당 교사에게도 부담으로 작용하고 있다. 교사의 부담을 줄이면서, 특성화 수업의 집중력을 높일 수 있는 대안이 필요하다. 이를 위해 외부 전문 기관과 공동으로 특성화 교재를 개발하는 것을 검토할 필요가 있다고 판단된다.

둘째, 정규 수업의 질을 높이는 문제와 관련해서 전체 학생을 대상으로 하는 학습 능력 향상 프로그램과 학습부진 학생을 위한 지원 프로그램을 각각의 고유한 성격을 가지고 체계화하는 것이 필요할 것이다. 이는 상당한 시간과 경험이 축적되어야만 가능해질 것이다. 이 같은 과제는 전문가 아웃소싱을 통해서 보완해 나갈 필요가 있다.

셋째, 홍동중은 돌봄학교, 전원학교 등 정부 차원의 지원에 의해 다양한 방과 후 프로그램을 운영하고 있다. 이 자체만으로도 교장공모제 이후의 성과라 할 수 있으나, 방과후학교와 전원학교사업에 대한 세부적인 재검토가 필요하다. 그간 1년 가까이 진행해 온 돌봄학교 운영에 대해 구성원들 간에 많은 의견이 개진되었다. 이 사업의 긍정적 의미에도 불구하고 운영상 조정할 문제가 제기되어 온 것을 감안할 때 향후 2년간 진행될 전원학교사업은 선택과 집중의 원리를 반영한 세밀한 운영 검토가 필요하다고 판단된다. 전체적으로 전원학교 업무량을 예상할 때 추가 전담 인력의 효율적 배치가 관건으로 보인다.

넷째, 홍동중은 교장공모제 학교라는 점 말고도 그간 외부 기관 및 상급 기관으로부터의 추가적인 재정 지원 사업을 계속해 오고 있다는 점에서 농촌 학교 개혁 모델로 자리매김해야 한다는 당위적 요구에 직면해 있다. 문제는 늘어난 지원 사업만큼 교원의 업무량이 증가할 것이란 점이다. 이는 정규 수업과 학생생활 지도의 질 확보 면에서 위협 요인으로 작용할 가능성을 염두에 두어야 함을 시사한다. 농촌 학교 개혁 모델을 창출하기 위해서 이 문제는 홍동 지역의 특징이자 장점인 지역 연계 강화를 통해 풀어 가야 한다고 판단된다. 그런 점에서 전원학교 계획상 논의 기구 성격인 '홍동지역교육발전협의회'와 구별되는 '지역 연계 실행 기구'의 설치·운영을 검토할 필요가 있다고 본다.

다섯째, 학교장의 리더십과 교직원 논의 구조에 관한 것으로, 이전 시기에 비해 조직 내 민주성은 확대된 반면 논의의 효율성을 확보하는 데는 미흡한 것으로 판단된다. 민주적 소통이 곧 생산적 기획으로 이어지지 않는다는 내부 구성원의 진단에 귀 기울여 민주적 절차와 함께 논의의 효율성을 높일 수 있도록 교내 논의 구조를 재정비할 필요가 있다.

여섯째, 홍동중이 성공하고 있음은 학생 수의 증가와 근무 희망 교원의 증가가 말해 준다는 양적 지표를 염두에 둘 필요가 있다. 구성원 다수는 홍동중이 농촌 학교의 개혁 모델이 될 수 있다는 전망을 공유하고 있는 만큼 학교의 특성과 강점을 객관화시킬 대외 전략을 구안할 필요가 있다.

일곱째, 공모 교장 임기 4년 중 2년 동안의 성과를 기반으로 하여 향후 2년 동안은 학교운영의 안정화, 체계화와 더불어 '지속가능성'을 확보하는 것이다. 구체적으로는 '지역교육센터를 중심으로 하는 지역교육공동체 강화'와 '교장공모제와 초빙교사제를 통한 학교개혁의 지속성'을 의미한다. 내부적으로는 지속가능한 운영 모델이면서 외부적으로는 확산 가능한 운영 모델을 창출한다는 비전을 가질 필요가 있다.

홍동중은 교장공모제 시범 운영이 도입된 첫 해에 내부형 공모 학교로 지정되어 2년을 경과하고 있다. 교장공모제는 학교개혁을 위한 수단에 해당한다. 교장

학교를 바꾸다 – 교장공모제 학교 2년의 기록

공모제는 교장 임용 방법의 다양화라는 정책 취지 자체만으로 의미가 있다기보다 이를 통해 학교개혁이 가능한지 여부가 중요하다. 교장공모제를 계기로 학교교육의 내용과 방법에 교육적 진전을 보이고, 단위 학교의 자율적 운영체제가 정착되며, 교원이 더욱 높은 수준의 전문성을 발휘하고, 학생·학부모 및 국민들이 이 제도에 만족하는 정도가 어떠하냐가 관건이라고 할 수 있다. 교장공모제 도입의 이 같은 취지로 볼 때 2년이 지난 현 시점에서 홍동중은 교장공모제를 통해 성공적으로 학교개혁을 이룬 사례로 평가받을 만하다고 할 수 있다.

○ 체육대회에서 씨름 경기를 하기 전에 서로 인사하는 아이들. ○ 학교 축제인 동녘제에서 반별 장기 자랑으로 〈백설공주와 일곱 난장이〉를 공연하고 있다. ○○ 학교 축제 중 하루를 잡아 체육대회를 한다. 체육대회 날 점심으로 모둠밥을 비벼 먹는 2학년 아이들.

홍동중이 학교개혁의 대표적인 모범 사례라고 말할 수는 없을 것이다. 다른 지향과 다른 과정으로 나름대로 교육적 성과를 거두는 학교들도 적지 않게 있을 것으로 예상된다. 분명한 것은 홍동중이 지역민과 함께 교육공동체를 지향하면서 농촌 소규모 학교 개혁의 모델로서 주목받고 있다는 사실이다.

〈홍동중학교 평가 연구〉, 충남교육연구소, 2009

홍동중의 성공은 외부자의 따뜻한 시선에 달렸다

홍동중 교사들은 다른 학교 교사들에 비해 갑절 힘든 학교 근무를 하고 있다. 특성화 교과 운영에 방과후학교 운영, 그리고 전원학교 사업, 무엇보다 교장공모제 학교라는 점에서 다른 학교와 차별화된 운영 사례를 만들어 내느라 힘들다.

*
통일을 주제로 한 교과통합수업 중에 아이들이 통일 염원을 담은 글귀를 풍선에 써서 날리고 있다.

학업 성적이든 품성이든 학생들의 변화를 확인하기는 쉽지 않은 일이지요. 그런데 홍동중은 공모제 이후에 아이들의 변화가 눈에 띄게 드러나요. 선생님들이 아이들을 데리고 하는 교육활동이나 상담이 굉장히 많은데 아이들을 대하는 태도가 다른 학교와 많이 달라요. 아이들의 생각을 인정하고 존중해 주죠. 그런 것들이 아이들의 변화를 가져오게 하는 거 같아요. 개인적으로 홍동중에서 일하며 감사하는 것은 저를 다시 교육의 중심에 서게 했다는 거죠. 큰 학교에 있다가 재작년에 이 학교로 왔는데 그동안 교사로서 잊고 살았던 것들을 다시 생각하며 실천해 나가고 있어요. **김용분 교사**

이정로 교장 역시 어깨가 무겁다. 한국의 교사와 학부모들에게 공립학교도 바뀔 수 있다는 믿음을 줄 수 있는 학교혁신 사례를 창출해야 하기 때문이다.

홍동중 학부모들도 적지 않은 부담을 떠안고 있다. 내 자녀만이 아니라 모든 아이들을 배려할 수 있는 학교를 만들어 간다는 것은 말처럼 쉬운 일이 아니기 때문이다.

높이 평가할 만한 일은 이정로 교장을 비롯한 교사들과 학부모들이 모두 새로운 학교를 원하고 있다는 것이다. 그리고 홍동 지역 주민들에게는 홍동중이 성공하는 학교로 거듭날 수 있도록 지원할 역량이 갖춰져 있다.

지난 2년을 돌아보면 이정로 교장 선생님은 홍동 지역을 잘 알고 홍동 지역에 맞는 학교 비전을 가지고 있었습니다. 학교의 여러 일들을 학부모와 지역과도 잘 공유하고 있구요. 지역 주민의 신뢰를 바탕으로 전원학교사업 같은 지원 사업을 유치한 것도 의미 있는 일입니다. 교장 선생님도 진로교육 시간에 직접 수업을 하는 모습을 보면서 교사들을 배려하는 마음을 가지고 있고 가르치는 열정이 늘 살아 있는 분이구나 하는 것을 느꼈습니다. **유근철(공모 당시 학교운영위원장)**

이제 홍동중의 변화를 보는 외부자들에게 남은 몫은 홍동중을 바라보는 따뜻한 시선이다. 훌륭한 전통이 하루아침에 만들어지는 것은 아니라는 생각으로 인내를 가지고 바깥에서 지켜봐 주었으면 한다.

"우리 학교는 바쁜데요, 재미있어요."

홍동중 학생들 입에서 학교가 재미있다는 말이 나왔다는 것은 절반의 성공은 이루었음을 말해 준다.

좌 담

새로운 학교 실험, 2년의 경험을 나누다

진 행 정병오 좋은교사운동 대표, 서울 문래중 교사

참 석 이중현 경기 양평 조현초 교장
　　　　이정로 충남 홍성 홍동중 교장
　　　　김삼진 경기 고양 덕양중 교장
　　　　이광호 함께여는교육연구소장
　　　　서길원 경기 성남 보평초 교장, 스쿨디자인21 대표
　　　　정영배 새로운학교네트워크 상임운영위원, 전 서울 인헌고 교사

일 시 2010년 1월 28일

장 소 경기 성남 보평초등학교

교장공모제를 만나기까지

정병오 월간 우리교육 2008년 12월호 특집을 통해서 교장공모제가 학교에 어떤 변화를 가져왔는지 살펴본 바 있습니다. 그로부터 1년 반이 지난 지금, 교장공모제를 통한 학교혁신 사례를 묶어 단행본으로 펴내게 되었습니다. 본문에 실린 세 학교 교장 선생님과 새로운 학교 만들기 운동을 하는 여러 교사단체 대표들이 모였는데, 오늘 이 자리를 통해 교장공모제의 성과와 한계에 대한 이야기를 나누어 보려 합니다. 먼저 각 단체들이 어떻게 교장공모제 운동에 참여하게 되었는지 궁금합니다.

이광호 함께여는교육연구소는 2006년에 설립되었는데, 초창기에는 주로 대안교육과 관련된 연구와 실천을 진행했습니다. 2007년부터 공교육개혁에 대해 관심을 갖고 좋은교사운동, 스쿨디자인21, 새로운학교연구모임 등과 다양한 연대를 하면서 실천을 모색해 왔습니다. 그 이후로도 교장공모제나 학교혁신과 관련된 다양한 워크숍과 토론을 진행해 오고 있습니다.

서길원 스쿨디자인21에서 교장공모제에 관심을 가졌던 이유 중의 하나는 아래로부터의 학교개혁에 대한 논의를 이끌 수 있고, 교장공모제를 통해 새로운 학교 모델을 만들 수 있다고 봤기 때문입니다. 교장공모제는 학교개혁을 위한 하나의 수단입니다. 이 책에 등장하는 조현초나 홍동중, 덕양중의 사례는 많은 학교들에게 희망을 주고 있습니다. 이런 사례를 확산시키기 위해서는 뜻을 함께하는 교사들을 모으고 콘텐츠를 공유하는 일이 중요하다고 생각합니다. 스쿨디자인21은 이런 성공적인 사례를 배우고 새로운 학교 운동에 동참하고자 2006년에 경기 지역에서 결성된 실천적인 교사모임입니다.

정병오 스쿨디자인21의 이야기를 듣다 보니 좋은교사운동이 가졌던 문제의식과 비슷하다는 생각이 듭니다. 좋은교사운동은 2003년에 정책위원회 차원에서 교장 승진 제도의 문제점과 대안에 대해 공부하기 시작했고 참여정부 시절 교육혁신위원회에서 교장제도개선특별위원회가 설치되었을 때 참여하기도 했습니다. 교장공모제가 탄생한 데는 좋은교사운동의 책임도 있었기 때문에 이 제도가 성공적으로 안착하는 데 기여를 하고 싶었고, 저희 모임의 김삼진 선생님이 덕양중에 공모교장으로 지원해 들어가게 된 것이죠.

이광호 저는 개인적으로 2006년과 2007년에 당시 교육부에서 추진했던 '개방형 자율학교' 추진위원으로 참여하면서 단위 학교의 개혁에 대한 구체적인 고민을 하게 되었습니다. 또한 여기 모이신 분들과 교류하면서 교육 당국의 주도가 아닌 교사 조직이 중심이 되는 '새로운 학교' 모델에 대해서도 고민하게 된 것 같습니다. 제가 여러 지역을 다니면서 교사들을 만나 보면 그분들은 아이들에 대한 사랑과 교육에 대한 열정은 높은데 주로 교과 연구나 학급 활동에만 집중돼 있었습니다. 교과와 학급의 범위를 뛰어넘는 학교 단위의 개혁이 필요하다고 생각했습니다.

정병오 좋은교사운동이 교장 문제에 관심을 가진 것은 교장에 따라 학교가 달라질 수 있다는 가능성 때문이기도 했지만 다른 한편으로는 현재 교장 승진 제도에 대한 문제의식도 컸습니다. 교사들이 승진 점수를 따는 데만 몰두하면서 교사들의 삶이 황폐해지고, 학교가 왜곡되는 부분이 많았습니다.

정영배 저는 새로운학교연구모임에서 학교자치에 대해 공부하면서 전교조의 숙원이었던 교장선출보직제로 가는 과정에서 공모제에 관심을 가지게 되었습니다. 전교조의 참교육이 교실 안에 갇혀 있던 개개인의 실천이었다면 교실을 넘어서 학교 전체를 변화시키는 집단의 실천이 필요하다고 생각했어요. 프레네 학교나 배움의 공동체, 그리고 핀란드의 교육 모델을 보니까 교사 개인이 아니라 학교 단위의 교육철학이 있더군요. 그래서 새로운학교연구모임에서도 '학교'를 의제로 해서

교장공모제가 탄생한 데는
좋은교사운동의 책임도
있었기 때문에 이 제도가
성공적으로 안착하는 데
기여를 하고 싶었고,
저희 모임의 김삼진 선생님이
덕양중에 공모 교장으로
지원해 들어가게 된 것이죠.

* **정병오** 좋은교사운동 대표, 서울 문래중 교사

참교육 실천의 방향을 잡으면서 '새로운 학교 만들기 운동'으로 확산을 시키고 있습니다.

어떤 교장이 되고 싶었나

정병오 지금까지 교장공모제가 도입되고 정착하는 데 직간접적으로 관여해 왔던 분들의 이야기를 들어 보았습니다. 교장공모제는 결국 '교장' 임용 방식을 개선하는 데서 학교개혁의 싹을 만들고 교장의 교육계획서를 중심으로 학교를 운영해 나가는 제도라는 점에서 '교장'의 역할이 중요할 수밖에 없을 것 같습니다. 어떤 비전과 마인드를 가진 사람이 교장으로 들어오느냐에 따라 이 제도의 성공 여부가 결정되는 거죠. 오늘 이 자리에 함께한 세 분 교장 선생님은 어떤 철학과 지향을 가지고 공모 교장이 되었는지 들어 보고 싶습니다.

이중현 저는 개인적으로 경력이 20~30년이 다 돼 가도록 학교가 너무 바뀌지 않는다는 고민을 가지고 있었어요. 왜 그럴까, 많이 생각해 보고 그것을 해결하기 위해 다양한 방법도 강구했어요. 그러면서 교장이나 교사 한 사람이 아니라 뜻을 같이하는 사람들이 모이면 학교를 바꿀 수 있겠다는 자신감을 가지게 되었어요. 교장공모제가 시행되면서 학교혁신보다는 또 하나의 승진 방법이나 임기 연장 수단으로 인식되기 시작해서 제대로 된 교장공모제의 모델을 만들고 싶다는 생각으로 참여하게 되었죠. 만들고 싶었던 학교는 학교를 통해 아이들이 자기 삶의 주인이 되고, 아이들의 자주성을 꽃피울 수 있는 학교였습니다.

이정로 전국에 알려진 학교개혁 사례를 보면 소규모 학교이거나 사립학교인 경우가 많아요. 작은 학교이기 때문에 큰 학교보다는 서로 합의하는 게 쉽고, 사립학교는 공립학교처럼 순환 근무를 하지 않기 때문에 교육내용을 지속시키는 게 가능하죠. 공립학교에서도 학교의 교육목표와 지향점이 명료하고 함께할 동료 교사들만 있다면 개혁 사례를 만드는 게 가능할 것이라고 생각했어요. 이것이 교장공모제에 참여한 동기가 됐어요. 교장이 되면서는 개별적인 가치보다는 집단 지성을 통해서 문제를 해결하고 낙오자가 없이 모두가 다 성장할 수 있는 교육공동체를 지향하고 있어요.

김삼진 2001년쯤에 OECD에서 발간한 교육 관련 보고서를 보니 미래 학교가 어떤 모습이 될 것인지 6가지 모델을 제시했더군요. 그중에서 학습공동체 모델과 네트워크 모델 두 가지가 마음에 와 닿았어요. 이건 한번 해 볼 수 있는 일이다 하는 생각이 들었습니다. 학교의 구성원들이 서로 소통하고 적극적으로 참여하는 학습공동체를 만들고, 지역의 자원과 인프라를 활용해서 네트워크를 형성하는 학교 모델을 만들 수 있을 거라 생각했습니다. 그렇게 공동체 구성원 모두가 함께 일하는 보람을 찾을 수 있는 학교를 만들어 보자는 데 마음을 모으고 앞뒤 안 재고 과감하게 교장공모제에 뛰어들게 된 거죠.

교사 자발성 이끌어 내는 교장 리더십

정병오 교장공모제는 준비된 한 팀이 함께 한 학교에 들어가는 게 아니라 교장 개인에서 시작되는 제도입니다. 이것은 교장공모제의 한계이기도 하지만 어떤 면에서 리더십을 발휘할 수 있는 기회가 될 수도 있다고 생각합니다. 교육개혁에서 가장 중요한 것은 교사들에게 동기 부여를 해서 움직이게 하는 게 아닐까요. 그런 면에서 교장공모제는 뜻이 맞지 않는 교사들에게도 비전을 보여주고 그들의 공감대를 형성해야 한다는 점에서 성공했을 때 확산 가능성이 더 높다는 장점도 있다고 봅니다. 처음 학교에 들어가서 교사들에게 자신의 뜻을 어떻게 전달하고 소통하며 마음을 모아 갔는지 이야기 들어 보고 싶습니다.

이중현 의견을 모아 가는 과정은 상당히 지난했습니다. 제가 제시한 학교운영계획서에 동의하는 분들도 계셨지만 좀 더 세심하게 논의해 보면 학교 변화에 대한 상은 조금씩 달랐어요. 학교를 변화시키기 위해서는 서로 동의하고 합의해 나가는 과정이 필요하다고 생각했고, 그러기 위해서는 한국교육의 문제점이 뭔지, 좀 더 좁혀서 학교교육의 문제점이 무엇인지, 그중에서도 초등학교의 문제가 무엇이고, 농산어촌 지역의 교육문제가 무엇이라고 생각하는지 서로 점검하는 과정이 필요했어요. 공감대가 형성되었다고 해도 어떻게 변화해 나갈 것인가도 합의해야 했어요. 저는 교사들에게 학교개혁은 부분적으로 접근해서는 성공하기 어렵기 때문에 총체적으로 접근해야 한다고 강조했어요. 프로그램을 적용하고 안착시켰던 1년 반 정도는 교장과 교사 모두 굉장히 힘들었어요. 그 과정에서 교사들은 업무 부담이 굉장히 클 수밖에 없었고 선생님들께 정말 미안했습니다. 그 힘든 과정을 견뎌 낼 수 있었던 것은 아이들의 변화가 눈에 보이기 시작했기 때문입니다. 그것이 모든 힘겨움을 상쇄해 주더군요. 아마 우리 학교 선생님들도 같은 생각일 겁니다.

이정로 권위에 의존하는 방식으로는 교사들의 자발성을 싹 틔우지 못합니다. '나는 교장이니까' '나는 평가자니까' 라고 하는 우월적 지위로 교사들을 지휘하는 것은 좋은 리더십이 아니라고 생각합니다. 저는 성과보다 과정이 중요하다고 생각합니다. 실패를 통해서도 배울 게 있습니다. 무엇 때문에 힘들었는지, 그 어려움을 찾아내서 지원해 주는 것도 교장의 중요한 역할 중의 하나입니다. 좀 더디더라도 모두가 공감하는 분위기 속에서 목표를 향해 간다면 여러 사람의 작은 지혜들을 모아 더 큰 힘을 발휘할 수 있습니다. 교사들에게 책임과 권한을 위임해 주는 것도 효과적입니다. 그래야 교사들의 자발성이 살아날 테고 그 자발성을 통해 교사들이 책무성을 가지게 되겠지요. 공감대를 형성하기 위해 노력하는 것 중의 하나가 교사연수입니다. 연수를 통해 교육과정에 대해 설명하고 자유롭게 토론하며 함께 합리적인 방법을 찾아가는 겁니다.

김삼진 혼자 일을 시작할 때는 정말 너무 어려웠어요. 시간이 지나면서 조금씩 서로를 알아 가고 이해하는 과정 속에서 변화가 서서히 왔던 것 같아요. 유능한 교사보다는 함께 꿈을 꿀 수 있는 교사가 더 중요한 것 같아요. 그런 꿈을 처음부터 꾸지는 않는다고 해도 '그런 가치로운 일이라면 나도 한번 해 보고 싶다' 는 마음을 갖는 교사들이 많아져야 해요. 그런 과정을 만들어 가는 것은 교장의 몫인데 어려운 작업인 것은 분명합니다. 저도 2년 차 되면서 초빙교사가 두 분 정도 오시고 함께 뜻을 모을 만한 분들이 오시면서 조금씩 가능했던 것 같아요. 예를 들어, 교장 입장에서는 교사들에게 "가정방문을 하세요"라고 말하기 쉽지 않거든요. 생각이 다른 분들도 있으니까요. 그런데 가정방문을 해 본 선생님께서 그 의미를 이야기하면, 다른 교사들도 자극을 받고 '그럼 나도 내년에는 한번 해 볼까' 하는 생각으로 바뀌게 되는 것입니다. 그렇게 자극을 줄 수 있는 열정적인 선생님들이 참으로 소중하고 중요하다고 생각해요. 저도 교육에 대한 건강한 열망을 품은 교사들이 제 파트너로 와 주셨기 때문에 시너지 효과가 났다고 판단해요. 그런 분들이 교장의 지시가 아닌, 그동안 스스로 꿈꾸어 왔던 것들을 맘껏 실현할 수 있는 학교로 만들 수 있도록 돕는 것이 교장 리더십의 본질이라고 생각합니다.

정병오 처음에 공모 교장으로 부임했을 때는 좀 더디더라도 교사들의 마음을 얻고 그들을 설득하는 과정을 거치는 것이 필요한 것 같아요. 2년 차 정도가 되면 기존의 교사들의 생각과 마음도 많이 바뀌고 뜻을 함께하는 초빙교사들도 오기 때문에 훨씬 동력을 얻을 수 있다는 생각이 드는데 어떠셨는지요.

이광호 홍동중은 교장공모제 이전부터 지역에서 함께할 주체들이 준비되어 있었고, 조현초 역시 스쿨디자인21이라는 모임을 통해 함께 소통

세 교장 선생님은
관료적 조직에서 축적된
상하관계가 아니라
교사단체나 시민단체 등에서
수평적 네트워크를 만들어 온 거죠.
이런 점에서
내부형 교장공모제는
새로운 학교문화를 창출하는 데
매우 효과적이라 여겨집니다.

＊ 서길원 경기 성남 보평초 교장, 스쿨디자인21 대표

할 수 있는 교사들이 있었던 경우라고 봅니다. 거기에 비해서 덕양중
은 학교 안에 함께할 수 있는 교사들이 없는 상황에서 김삼진 교장 선
생님이 부임하셨지요. 이 경우 학교장이 학교운영을 소신 있게 펼치는
게 어려웠을 것 같습니다. 제도적으로 자율학교의 교장에게는 교사 초
빙 권한이 있지만, 여러 이유로 부임 첫해에는 권한을 행사하지 못하고
있습니다. 이 문제는 앞으로 제도적으로 보완이 되어야 할 듯합니다.

서길원 세 교장 선생님이 가지고 있었던 인적 네트워크가 상당히 중요
했다고 봅니다. 이는 일반적인 승진 교장들과는 다른 방식으로 역량을
축적해 왔기 때문에 가능했다고 여겨집니다. 관료적 조직에서 축적된
상하관계가 아니라 교사단체나 시민단체 등에서 수평적 네트워크를

학교의 주체라는 인식을
갖게 하는 데는 교장공모제가
기폭제가 된 건 맞아요.
특히 지역 주민이나
학부모들에게는 학교장을
스스로 선택할 수 있다는 게
엄청난 사건이었죠.

* 이정로 충남 홍성 홍동중 교장

만들어 온 거죠. 이런 점에서 내부형 교장공모제는 새로운 학교문화를
창출하는 데 매우 효과적이라 여겨집니다.

정병오 지금까지 한국에서 교장의 자질이나 역할에 대해 깊게 논의된
적이 별로 없는 것 같아요. 그저 교육청이 내리는 공문을 잘 처리하거
나 학교행사를 잘 준비하는 사람, 사고나 막는 역할이라고 생각했습니
다. 그러다 보니 교장에게 민주적 의사소통 능력이나 교사들의 수업
능력을 향상시키는 장학력이 필요하다는 것은 논의된 적이 없습니다.
이런 부분에서 교장공모제 학교가 교장의 역할에 대한 모델을 보여 줄
수 있어야 합니다.

정영배 교장공모제를 처음 시작할 때 '자격증' 없는 교장이라는 우려도

있었습니다. 교육청과의 관계나 학교 구성원과의 갈등을 해결할 수 있을 것인가에 대해서도 우려가 있었습니다. 하지만 실제 권위적이고 관료적인 교장의 모습을 탈피하면서 새로운 가치관을 가지고 지역사회는 물론 교사와 학부모, 그리고 아이들과도 조화롭게 어울렸습니다. 학교의 의사 결정 과정을 민주적으로 만들어 내고 학교운영의 새로운 가치와 모델을 창출했습니다. 특히 교육 주체들 간의 갈등을 잘 해결해 왔다는 점에서 처음의 우려를 많이 씻어 낸 게 아닌가 합니다.

교장공모제, 교육의 주체를 일으키다

정병오 공모 교장으로 부임하신 뒤 2년에서 2년 반 정도가 지났는데, 각자 어떤 성과와 한계가 있었는지 저도 들어 보고 싶군요.

이광호 홍동중은 농어촌 소규모 학교의 성공적인 모델로서 교육과학기술부가 추진하는 전원학교의 모델학교로 널리 알려졌고, 조현초와 덕양중은 경기도 혁신학교에 선정되는 등 공교육의 성공적 개혁 모델로 인정받고 있습니다. 학교의 변화와 개혁은 결국 학교 구성원들의 자발성과 협력에 의해 이루어진다고 생각합니다. 그런 면에서 교장공모제가 어떤 계기가 되었는지 저도 들어 보고 싶군요.

이정로 학교의 주체라는 인식을 갖게 하는 데는 교장공모제가 기폭제가 된 건 맞아요. 특히 지역 주민이나 학부모들에게는 학교장을 스스로 선택할 수 있다는 게 엄청난 사건이었죠.

이광호 교장공모제는 학교 구성원들에게 자신의 대표자를 선출하는 권리를 부여했다는 점이 매우 중요하다고 생각합니다. 교사와 학부모들이 교장을 심사하는 과정에 참여하여 학교철학과 운영, 교육과정 등에 대해 처음으로 고민해 보는 거죠. 그리고 교장 선출 과정에 자신의 견해를 반영하는 것입니다. 마치 근대적 시민이 투표권을 행사함으로써 민주주의 사회의 주체가 되듯이 학교 구성원이 처음으로 학교의 진정한 주체가 되는 과정이라고 생각합니다. 주체라는 것은 그만한 권리와 책임을 나눠 갖게 되는 의미이기도 하고요.

이중현 교장공모제는 인사권이 학교 구성원에게 위임된 거죠. 한편으로 거기에 대한 책임이 따르기도 하구요. 그런데 아직까지는 그런 책임을 의식하면서 학교 구성원들이 인사권을 발휘하는 건 아닌 것 같아요. 공모제 자체가 긍정적인 학교 변화를 가져온다기보다는 어떻게 정책을 운영하는가에 따라서 제도의 성공을 가져올 수 있다고 봅니다. 좀 더 구체적으로 말하면, 어떤 교장이 어떤 교사들과 어떤 지향을 가지고 모이느냐가 중요하고, 그것이 전제되지 않는 교장공모제는 별 의미가 없을 것입니다.

이광호 덕양중은 김삼진 교장 선생님이 부임하시기 전에 교장과 학부모 사이에 갈등이 있었다고 들었습니다. 조현초도 4년 임기를 채우는 교장이 거의 없었고요. 그러다 보니 학부모와 지역 주민들은 학교에 대한 기대를 포기하는 상황이 반복됐죠. 어쩌다 유능해 보이는 교장이 부임하면 "저 교장은 1년 만에 떠날 것 같다"는 예측이 공공연하게 떠돌고요. 이런 상황에서 교장공모제는 학부모와 지역 주민들에게 학교에 대한 새로운 관심과 참여 의지를 불러온 것 같아요. 홍동중학교 평가 연구에 참여하면서 확인한 것인데, 이정로 교장 선생님의 부임 전후로 학부모와 지역 주민들의 학교 방문이 굉장히 늘어났습니다. 교장 선생님이 비전을 발표할 때에도 굉장히 많은 주민들이 참석했고, 그 자체가 하나의 학습 과정이었다고 생각합니다. 학교와 지역이 함께 만들어 가는 농촌공동체 학교에 대한 상을 공유하는 과정이었죠. 만약 공모 교장이 아닌 일반 승진 교장이었다면 그런 효과는 없었을 것이라고 생각합니다.

정병오 그전에는 교장이 학부모가 아닌 교육청의 평가에 더 신경을 썼죠. 그런데 공모 교장은 교육청이 아닌 학부모와 지역 사회, 아이들을 중심에 둔다는 점에서 패러다임의 전환을 가져왔다고 봅니다.

서길원 남한산초의 경우도 그랬지만 맨 처음에 학교개혁운동을 시작할 때는 교사와 학부모가 주도적으로 하지만 학교가 지속가능해지기 위해서는 교장의 역할을 중요하게 생각할 수밖에 없어요. 괜찮은 비전을 가진 교장이 오지 않는 한 열의 있고 헌신적인 교사들이 오지 않을 것을 학부모들도 알아요. 학교장이라는 위치에서 담지자로서 비전을 제시하는 사람의 중요성에 대해서 뼈저리게 느끼는 것이죠. 그리고 또하나, 교장공모제를 통해 학교개혁운동을 더 효율적으로 확산시킬 수 있습니다. 조현초는 지역에 준비된 학부모들은 없었지만 교장이 혼자 들어가서 개척한 경우죠. 그러면서 교사와 학부모들을 교육의 주체로 거듭나게 하는 것이 가능했어요. 비록 역량이 갖춰져 있지 않은 지역이라도 교장의 노력으로 변화 가능성이 생길 수 있어요.

학교에서 지역으로, 교육의 패러다임을 바꾸다

정병오 현재 시행되고 있는 교장공모제의 부족한 점은 무엇이고 어떤 부분을 보완해 나가야 할까요.

이정로 학교 선정의 문제가 커요. 시도교육청이 일방적으로 학교를 지정하는데 교장 임기는 만료됐지만 정년이 남아 있는 교장들의 자리를 만들기 위해서 지역별로 안배하는 사례가 대부분이에요. 교장공모제

정말 제대로 된 학교개혁을 하기 위해서는 교장 개인이 아니라 팀을 꾸리는 게 필요해요. 참여정부 시절 교육혁신위원회에서 교장공모제를 입안할 당시 교장과 교사의 팀제로 공모를 하는 것을 논의한 적이 있어요. 저는 지금도 그것이 유효하고 가장 적절한 수단이 아닐까 생각해요.

* **이중현** 경기 양평 조현초 교장

의 취지와는 관계없이 교장의 임기 연장 수단으로 활용되는 거죠.

이중현 교장공모제를 실시할 때 학교를 대상으로, '교장공모제를 하고 싶은지' '교사와 학부모들이 학교의 변화를 요구하고 있는지' '그것을 이루기 위해 정말 교장을 초빙하거나 공모하고 싶은지' 등을 확인하고 그런 학교를 대상으로 공모해야 한다고 봐요. 정말 제대로 된 학교개 혁을 하기 위해서는 교장 개인이 아니라 팀을 꾸리는 게 필요해요. 참 여정부 시절 교육혁신위원회에서 교장공모제를 입안할 당시 교장과 교사의 팀제로 공모를 하는 것을 논의한 적이 있어요. 저는 지금도 그 것이 유효하고 가장 적절한 수단이 아닐까 생각해요.

서길원 경기도에서 혁신학교를 지정할 때 그런 부분도 심사하도록 했는 데 쉽지는 않은 것 같아요. 그래도 준비된 주체들이 얼마나 있느냐는 중요한 문제 같아요.

이중현 함께할 교사나 학부모가 있는가 하는 것은 굉장히 중요하죠. 그 런 조건이 만들어져 있다는 것은 그만큼 성공 가능성도 높아지는 거죠.

김삼진 공모 교장이 어떤 특별한 능력을 갖춘 개인이어야 가능하다는 것 도 문제가 있다고 봅니다. 많은 교사들이 푸른 꿈을 안고 교직에 들어왔 는데, 어느 날 보니 마치 탤런트를 뽑듯이 교장을 뽑는다면 반발도 클 것입니다. 누구나 교장 공모에 응할 수 있도록 길을 넓혀 주고 심사 과정에서 왜곡이 일어나지 않도록 안전장치를 만들어 놓아야 합니다. 그리고 교장공모제에는 학부모의 선택권을 보장해 준다는 의미도 있습니다. 그런 면에서 일반인들에게 문호를 여는 것도 필요하다고 봅니다.

이중현 지금의 학교는 대부분 지역사회와 유리돼 있어요. 하나의 섬이라고 볼 수 있죠. 학교교육의 문제를 교사만으로 해결하는 것은 어려운데 지금은 교육이 마치 교사만의 문제인 것처럼 인식되고 있어요. 그런 문제를 해결하기 위해서는 지역사회의 참여가 필요한데 교장공모제 틀을 잘 이용할 수 있어요. 예를 들어 농촌지역 학교라면 농민회가 한 학교를 지역 특성에 맞게 잘 지원하면서 발전시키는 것도 가능하죠. 그럴 경우 교육과학기술부에서는 교장공모제 학교에 가이드라인만 던져 주고, 지역의 시민사회단체가 참여하도록 이끌어 주는 거죠. 미국의 차터스쿨도 그런 성격이라고 볼 수 있어요. 자기 지역의 환경 문제가 심각하다면 관련 단체와 함께 학교에서 환경 문제에 대한 교육을 특성화시킬 수 있어요. 그렇게 했을 때 교장공모제라는 수단을 통해 지역의 사람들과 함께 다양한 교육내용을 실험하면서 학교를 변화시킬 수 있다고 봐요.

이광호 지금까지 성공한 학교 모델로 언급되는 학교는 사립학교가 많습니다. 설립자에서 교장으로 연결되는 강력한 리더십이 있어요. 대건고나 거창고가 그런 예이죠. 반면에 공립학교의 경우 교장의 임기가 정해져 있다 보니 학교운영에 대한 책무성도 부족하고 설사 성공적인 개혁 모델을 만들었다고 해도 교장이 바뀌면 제대로 유지되기가 어렵습니다. 이중현 선생님이 말씀하신 것처럼 공립학교의 개혁을 성공시키고 지속가능하게 하려면 지역사회와 연계하고 협력하는 게 필요하다고 봐요. 학교가 지역사회와 더불어 민주적이고 개방적인 거버넌스를 형성하고 그것을 시스템으로 구축해야 하는 거죠. 그런 면에서 성공한 사립학교 교장의 리더십과 학교개혁에 성공한 공립학교 교장의 리더십은 다를 수 있다고 생각합니다. 교장공모제를 통해 좀 더 개방적이고 민주적인 리더십을 형성할 수 있습니다.

김삼진 교장공모제를 준비하는 교사라면 다양한 경험과 역량을 쌓는 것이 중요합니다. 그것은 결코 혼자만의 노력으로 되는 것은 아닙니다. 다양한 학습공동체를 통해서 스스로 성장해야 합니다. 그런 점에서 교장

교장공모제를 준비하는
교사라면 다양한 경험과
역량을 쌓는 것이 중요합니다.
그것은 결코 혼자만의 노력으로
되는 것은 아닙니다.
다양한 학습공동체를 통해서
스스로 성장해야 합니다.

* **김삼진** 경기 고양 덕양중 교장

공모제가 제대로 실시된다면 교사 스스로 전문가로 성장하기 위한 다양한 노력을 할 것이라고 생각합니다. 그리고 또 하나, 교장공모제를 통해 학교개혁을 시도하고 있는 학교에서 지금 하고 있는 일들을 잘 기록하는 과정이 필요할 것 같아요. 법조계와 의료계만 해도 판례가 있고 수술 기록이 있습니다. 그것을 바탕으로 모두가 정보를 공유하면서 한 단계 진보합니다. 하지만 학교에는 자산이 거의 없어요. 다음에 누가 오더라도 과거의 경험을 공유하면서 발전할 수 있도록 기록을 해야 합니다.

서길원 저도 그 지점 때문에 민주적 거버넌스를 구축하는 게 중요하다고 봐요. 근대적 학교체제에서는 국가가 공공성을 대표했고, 그것을 위임받은 교장이 학교를 대표해 왔습니다. 하지만 이제는 자율적 통제가 필요하고, 그 속에서 공공성과 지속가능성도 발견할 수 있습니다. 학교가 지역과 학부모, 교사들에게 개방된 구조가 형성될 때 서로 협력하는 구조가 만들어지면서 한편으로 견제와 통제를 할 수 있는 기제가 생깁니다. 이런 구조에서는 교사들도 학부모와 학생의 목소리에 귀 기울이지 않을 수 없고, 참여와 선택은 교사들을 자주적이고 능동적인 교사로 살아나게 합니다.

이광호 교장공모제를 반대하는 분들은 누가 교장이 되느냐에 초점을 맞춥니다. 특히 교장 자격증이 없는 평교사가 교장에 임용되는 것을 반대하죠. 이분들은 교장이 국가로부터 위임받은 공공성과 권력을 행사하는 것이라 생각하지만 저는 지역과 소통하는 개방형 거버넌스를 만

교장공모제를 반대하는 분들은 누가 교장이 되느냐에 초점을 맞춥니다.
특히 교장 자격증이 없는 평교사가 교장에 임용되는 것을 반대하죠.
이분들은 교장이 국가로부터 위임받은 공공성과 권력을 행사하는 것이라 생각하지만 저는 지역과 소통하는 개방형 거버넌스를 만들어 가는 게 중요하다고 봅니다.

＊ 이광호 함께여는교육연구소장

들어 가는 게 중요하다고 봅니다. 홍동중을 예로 들면 전원학교사업의 일환으로 홍동지역교육센터를 건립할 예정인데 학교와 지역주민이 함께 센터를 중심으로 지역의 교육문제를 해결해 나갈 것입니다. 홍동 지역의 아이들을 어떻게 돌보고, 성인 대상의 평생교육시스템을 어떻게 실현할 것인가를 함께 고민하고 실천할 겁니다. 이 과정에서 지역 교육공동체가 형성되고 그렇게 되면 이후에 누가 교장이 되든 홍동 지역 교육의 색깔은 유지할 수 있는 거죠.

정영배 지금 말씀하신 것들은 교육에서 패러다임의 변화를 불러일으키는데, 현행 교장 제도는 근본적으로 이런 문제의식을 품을 수가 없습니다. 승진 과정에서 관료적인 관점이 강화될 수밖에 없고, 승진 점수

승진 과정에서 관료적인 관점이
강화될 수밖에 없고,
승진 점수 획득에만 몰두해서
교육에 대한 열정도 사라지고 없죠.
학교교육을 근본적으로
바꿀 수 있는 가능성으로서
교장공모제에 대한
가치 평가가 이루어져야 합니다.

＊ **정영배**새로운학교네트워크 상임운영위원, 전 서울 인헌고 교사

획득에만 몰두해서 교육에 대한 열정도 사라지고 없죠. 학교교육을 근
본적으로 바꿀 수 있는 가능성으로서 교장공모제에 대한 가치 평가가
이루어져야 합니다.

혼자 빨리 가기보다는 함께 천천히

정병오 세 학교가 처한 상황이 다르고, 공모 교장들의 캐릭터도 다르기
때문에 각 학교마다 성과와 한계가 다를 것 같습니다. 지난 2년 반 동
안의 교육적 성과와 과제에 대해서 말씀해 주셨으면 해요.

이정로 홍동중의 성과는 세 가지만큼은 분명합니다. 첫 번째는 학부모
와 지역사회와의 소통이 원활해졌다는 것, 두 번째는 학생들의 학습내
용과 방법에 상당히 변화가 왔다는 것, 그리고 세 번째는, 학교 변화를

보여 주는 지표인데, 학구 외의 전입생이 많이 늘었다는 점입니다.

이중현 조현초의 성과라면 학교교육의 가장 큰 문제인 교육내용의 획일성을 극복하기 위해 교육내용을 다양화한 점이라고 생각합니다. 그리고 농촌에 있으니까 도농격차를 해소하기 위해 모든 교육활동을 학교 예산으로 지원하고 있습니다. 그리고 학교가 지역사회의 문화센터가 되는 것을 넘어 학교가 학부모와 지역사회에 어떻게 기여할 것인가를 고민했는데 곧 지역에 문화예술체험학습장을 오픈할 예정입니다. 이 체험학습장을 열게 되면 학부모들에게는 일자리를 제공할 수 있고 마을의 소득 창출에도 기여할 거라고 기대합니다.

김삼진 덕양중은 학교에 인조 잔디구장을 깔았더니 지역 주민들이 축구도 하러 오고 근처의 항공대 학생들도 자주 이용하면서 학교가 늘 북적북적해요. 어떻게 보면 지엽적인 것이지만 학교가 지역 주민들의 쉼터가 되어 주는 것은 학교 변화의 작은 희망을 보여 줍니다.

서길원 세 분 교장 선생님께 궁금한 게 있습니다. 학교운영의 민주화와 교장의 리더십은 어떻게 양립 가능한지요? 민주적으로 열어 두었더니 오히려 교장이 하는 일을 계속 방해만 하면 어떻게 해야 하죠?

이중현 저는 자기희생을 전제로 하는 게 리더십이 아닌가 생각해요. 우리 학교 선생님들한테 늘 하는 이야기가 있어요. 당신들이 맡고 있는 학생들의 요구가 다르다. 요구의 수준도 다르고, 요구의 내용도 다르다. 그럴 때 담임으로서 어떤 리더십이 필요한가. 그것을 해결하기 위해서는 아이 한 명 한 명의 요구를 담임이 파악할 수밖에 없어요. 마찬가지로 우리 교사들도 각자 다른 요구가 있어요. 그런 요구를 충족시켜 주기 위해서는 교장의 설득과 대화도 필요하고 동료와 토론하는 것도 필요하죠. 그 과정에서 교사도 성장하고 학교도 변하는 거라고 봐요. 그런 여건을 마련하는 것이 교장의 리더십 아닐까 생각합니다.

이정로 한 단어로 표현하면 '기다림'이라고 할 수 있겠죠. 교사들에게 동기만 부여하고, 스스로 할 수 있는 만큼의 목표를 이룰 때까지 기다리는 거예요. 자발성이 전제되지 않는 성취감은 기대할 수 없으니까요. 인센티브나 지시보다 인간의 내면적인 강한 욕구를 깨워 주는 것 말이지요.

김삼진 지금 두 분 교장 선생님은 참고 기다린다고 하셨는데 저 역시 예외는 아닙니다. 다른 학교에서 좋은 독서 프로그램을 적용한다고 하는데; 우리도 그것을 창조적으로 변용해서 해 보자고 하면 비판적으로 나오는 교사들이 있습니다. "다른 사람 홍삼 먹는다고 해서 홍삼 먹어야 하냐, 다들 독서 좋다고 해서 우리도 해야 하냐"는 거죠. 그럴 때 저도 때를 기다리는 수밖에 없습니다. 그런 치열한 토론이 벌어지고 있는 상황을 태양이 작열하고 있는 8월이라고 보거든요. 아직 추수를 하려면 조금 더 기다릴 수밖에 없는 거죠. 조금 더 선선해지면 추수하러 들판에 나가야겠지요. 교장에게도 현명한 농부의 마음이 필요합니다.

정병오 마지막으로 교사나 학부모, 지역사회 등 새로운 학교를 꿈꾸고 있는 분들에게 하고 싶은 말씀을 해 주세요.

이정로 우리 학교와 같은 교육 사례가 일반화되는 것은 쉽지 않을 거예요. 공립학교 교사들의 가장 강력한 동기 부여 기제는 승진이었어요. 학교개혁 사례를 확산시키기 위해서 두세 개 교육청 단위로 학교를 묶어서 서로 순환 근무하면서 교사를 양성하는 방안을 제안하고 싶어요. 성공적인 경험을 한 교사들의 자신감과 학교공동체의 강한 요구를 엮으면 학교개혁이 탄력을 받을 수 있을 것 같아요.

이중현 한국 학교의 문제는 학교가 성장하지 않고 상상력도 없다는 점입니다. 수십 년의 학교 역사를 가지고 있어도 축적된 것은 거의 없어요. 이것을 극복해 가는 게 진정한 학교 문화의 변화라고 봅니다.

정영배 요즘 학교개혁 사례들이 알려지면서 여러 지역사회에서 이런 학교를 만들어 보고 싶다는 요구가 전교조로도 많이 접수되고 있어요. 교장공모제도가 앞으로 어떻게 유지될지 모르지만 학교개혁에 대한 요구가 높아지고 있으니 이 기회를 잘 이용해 볼 수 있을 것 같아요. 교사들 또한 의욕적인 교장 선생님을 받쳐 줄 수 있도록 노력해야 할 것 같고요.

이광호 여전히 단위 학교의 개혁에 대해 비관적인 분들이 많습니다. 내부형 공모제가 아니면 아예 불가능하다고 보는 것이죠. 그래서 제가 물었습니다. "혹시 선생님과 학교개혁에 대해 유사한 생각을 가진 교장 자격자를 찾아보셨습니까? 정말로 그 교육청에는 한 분도 안 계실까요?"라고 했더니 그런 생각을 한 번도 못 해 봤다는 거예요. 늘 교장에 대해 반대만 했지, 학교의 변화와 개혁을 위해 협력할 생각은 안 해 본 거죠. 현실적 조건에 맞게 다양한 전술을 생각해야 할 것 같아요.

이정로 저는 "빨리 가려면 혼자 가고 멀리 가려면 함께 가야 한다"는 말로 마무리할게요. 생각이 다른 사람과도 함께 갈 수 있어야 해요. 조그만 차이조차도 받아들일 수 없다면 운동의 꿈은 접어야겠지요.

이중현 지금은 스스로 변할 것인지, 변화를 강요받을 것인지 선택의 기로에 있다고 봐요. 우리가 변하지 않으면 학부모나 정부에서 변화를 강요해 올 것이고 그랬을 때는 아주 불행한 모습이 될 것입니다.

서길원 세 분 교장 선생님들께서 그 방향과 제도를 만들어 가고 있다고 여겨집니다. 많은 분들께서 세 학교 모델에 주목하고 있습니다. 이런 변화가 있을 때 우리의 학교가 많이 달라질 수 있다고 봅니다. 앞서 간 분들은 어렵게 처음 길을 열어 갔지만 그게 많은 분들께는 희망이 될 것입니다.

학교를 바꾸다 - 교장공모제 학교 2년의 기록